接话破冰

单天佶◎编著

中华工商联合出版社

图书在版编目（CIP）数据

接话破冰 / 单天佶编著. -- 北京：中华工商联合出版社，2025. 6. -- ISBN 978-7-5158-4311-7

Ⅰ. C912.11-49

中国国家版本馆 CIP 数据核字第 2025FS4850 号

接话破冰

编　　著：单天佶
出 品 人：刘　刚
责任编辑：吴建新
装帧设计：韩月朝
责任审读：付德华
责任印制：陈德松
出版发行：中华工商联合出版社有限责任公司
印　　刷：三河市宏盛印务有限公司
版　　次：2025 年 6 月第 1 版
印　　次：2025 年 6 月第 1 次印刷
开　　本：880mm×1230 mm　1/32
字　　数：110 千字
印　　张：6
书　　号：ISBN 978-7-5158-4311-7
定　　价：39.80 元

服务热线：010-58301130-0（前台）
销售热线：010-58302977（网店部）
　　　　　010-58302166（门店部）
　　　　　010-58302837（馆配部、新媒体部）
　　　　　010-58302813（团购部）
地址邮编：北京市西城区西环广场 A 座
　　　　　19-20 层，100044
http://www.chgslcbs.cn
投稿热线：010-58302907（总编室）
投稿邮箱：1621239583@qq.com

工商联版图书
版权所有　盗版必究

凡本社图书出现印装质量问题，请与印务部联系。

联系电话：010-58302915

前言 PREFACE

在我们的日常生活中,无论是家庭聚餐、朋友聚会,还是工作场合,有效的沟通都是至关重要的。而沟通中的"分寸",就如同厨师对调料的掌握,恰到好处则美味无穷,失之毫厘则可能大相径庭。因此,我们有必要学习如何在沟通中掌握这门艺术,使每一次的交流都能达到预期的效果。

有的人,即使你和他说再多的话,也总觉得没有共同语言,聊不到一起去,聊了半天纯属"尬聊";而有的人,即使你们是第一次交谈,也会觉得有说不完的话,有一种相见恨晚的感觉。都是聊天,为什么会有这么大的差别呢?

其实这里最大的差别就在于回话上的差别,前面的一种人,他们在回话的时候,没有把话说到点上,也许是因为回话的能力有限,也许是因为刻意隐瞒,总之话说了很多,但就是没有重点;而后面的一种人,他们在回话的时候,总是能用简洁的语言说出关键点,这样就能抓住我们的心,使我们更愿意与其交流,因此才会越聊越开心。

大多数时候,有些人的回话总是不着边际,毫无重点,不是东拉西扯,就是东飘西荡。要知道,每个人的时间都很宝贵,又有谁愿意浪费自己的时间去听我们说一些毫无价值的话呢?大家都希望自己的问题能得到简单、明了、有效的回答。那么，不妨翻阅本书，它会告诉你回话的关键点。

会回话的人，总能把复杂的问题简单化，三言两语就能把问题分析透彻，让对方明白；而不会回话的人，总是会把简单的问题复杂化，即使说十句百句，也未必能把问题说清楚。因此，我们在回话的时候，要尽可能地说出问题的关键点，抓住问题的要害，不要说一大堆毫无意义的废话，这样才能瞬间抓住对方的心。

逻辑缜密、天衣无缝的回话，是我们在沟通中追求的最高境界。这需要我们具备清晰的思维和丰富的知识储备，以便在回答对方的问题时，能够迅速找到问题的核心，给出精准而有力的回答。同时，我们还需要注意回答的方式和语气，让对方感受到我们的专业和诚意，从而增强沟通的效果。

《接话破冰》这本书，旨在帮助读者更好地理解和实践沟通中的"分寸"艺术。通过深入浅出的讲解，本书将复杂的沟通理论转化为日常生活中的实用技巧，让读者在轻松愉快的阅读中，逐渐掌握沟通的核心要义。

本书通过一系列生动的案例，以场景回话的方式解析了在不同场合、面对不同对象时，如何恰当地把握沟通的分寸。此外，本书还提供了许多实用的沟通技巧和策略，帮助读者在实际应用中更加得心应手。

希望这本书能成为您沟通道路上的得力助手，让您在与人交往中更加从容、自信。无论您是初入社会的职场新人，还是经验丰富的沟通高手，相信您都能从本书中获得宝贵的启示和收获。让我们一起踏上这段精彩的沟通之旅吧！

目录 CONTENTS

第一章 解音识意：听懂对方的言外之意

洗耳恭听，适时回答 / 2

分析动机，才能听出弦外之音 / 8

善于倾听，才能有效回话 / 13

分辨提问动机，不以自身的价值观做评判 / 18

认真把话听完，不要武断下结论 / 21

掌握倾听的力量，成为有效倾听者 / 25

第二章 抓住重点：带着目的来沟通

说出关键点，瞬间抓住对方的心 / 30

回话时，别忘了说结论 / 34

根据问题的现状和实质来回话 / 38

击中要害，不说废话 / 42

抓住对方的切身利益，才是协商的关键 / 46

学会营造气场，掌握说话主动权 / 50

掌握三步沟通法，轻松获得他人青睐 / 55

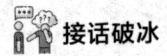

第三章　无懈可击：逻辑缜密，把话说得天衣无缝

回话切忌模棱两可 / 60

前后有序，注意回话的条理性 / 63

有一说一，回话内容要真实 / 68

道理不够，数据来凑 / 72

精准回话，避免产生误会 / 77

回话要有度，不要做"啰唆先生" / 82

别拖泥带水，明确回答更显真诚 / 86

特别会说话的人，都是这样回话 / 90

第四章　妙语连珠：将错就错，巧用幽默

玩转幽默，整个场子你掌控 / 96

勇于自嘲，用我的"短处"博你一笑 / 100

反问式幽默，把难题丢回去 / 105

以谬制谬，借言回话 / 109

巧妙回答由名字引发的尴尬 / 112

用幽默为你的回话加点料，更能说服对方 / 117

掌握幽默沟通法，让你笑傲全场 / 120

第五章　委婉拒绝：别让不好意思害了你

委婉拒绝涉及隐私的问题 / 126

找一些合适的借口，拒绝才不会伤人 / 130

绕个弯，巧妙委婉地拒绝 / 134

拒绝可以有，说"不"别犯忌 / 137

要拒绝不合理要求，也要不伤和气 / 140

如何谢绝对方的好意 / 144

巧妙转移话题，堵住对方的嘴 / 147

记住这六条，让你的拒绝不伤人 / 151

第六章 把握分寸：把每句话都说得恰到好处

点到即止，得饶人处且饶人 / 156

回话有分寸，一言一语定祸福 / 160

回话的软硬，取决于你的感情色彩 / 164

以退为进：先认同对方，再回敬对方 / 168

实话不直说，实话要巧说 / 172

回话不要太绝，得为自己留条后路 / 175

他人之短不要揭，伤心更伤情 / 178

拿捏回话分寸：四招让你游刃有余 / 181

CHAPTER 1

第一章

解音识意：听懂对方的言外之意

洗耳恭听，适时回答

开会时，领导当众表扬你并让你发言

⊗ 一般的回答

◎ 感谢领导的栽培，感谢同事的关心和帮助，这一年我进步很大，谢谢大家！

✓ 高情商回答

◎ 感谢领导给我上台发言的机会，感谢公司提供这样一个平台，感谢过去一年同事们对我的帮助。我记得去年做过一个项目，当时遇到了一些困难，但是多亏大家齐心协力，最终才能取得好的结果，从中我收获了很多。最后希望在新的一年里，公司的业绩能更上一层楼，我们团队能取得更好的成绩，谢谢大家！

◎ 首先，感谢领导对我工作的认可，这是对我的巨大鼓舞。项目的成功离不开团队每个人的努力，他们的奉献是成功的关键。与他们共事，我学到了很多，我们共同面对挑战和分享成功，让我深感幸运。此外，感谢领导的指导和支持，你们关键时刻指点迷津让我们避免陷阱，高效推进项目。你们的信任和鼓励让我们有信心追求更高目标。最后，这个项目的成功只是我们团队前进的一小步，我们仍有很多目标未完成。我期待与大家继续努力，创造更多辉煌成果！

开会时，领导让你补充发言

⊗ 一般的回答

◎ 大家的发言都很好，我没有什么要说的了。

✓ 高情商回答

◎ 听完李总和几位同事的发言，我深受启发，也非常赞同大家的观点。我认为在接下去的工作中，我们要把这些措施落实到位，尤其是李总提到的那几点，我们应该采取多种措施抓落实，确保执行到位。

◎ 非常荣幸领导给我这个机会来补充发言。在此之前，我已经认真倾听了各位的发言，深受启发。我的补充观点是……我相信，通过我们的共同努力和协作，一定能够取得更好的成果。再次感谢领导给予我的机会，也感谢各位的倾听。

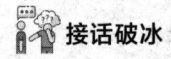 接话破冰

开会时,大家意见产生分歧,领导让你发言

⊗ 一般的回答

◎ 我理解大家的意见存在分歧,这在团队里很正常。

✓ 高情商回答

◎ 我认为小丽的想法非常实际,都是在实践工作中会碰到的一些问题,非常值得我们重视;李平的想法很有新意,创新性很强,正是我们工作中非常需要的。我的想法是这样的,大家互相借鉴一下,我们既不能忽视实际问题,也不能放弃创新,我们可以尝试去做一下,看看效果怎么样。

◎ 大家的观点都有其合理之处,我们都是为了团队进步和项目的成功。我们可以尝试从对方的角度去看待问题,这样或许能找到更好的解决方案。我建议我们暂时放下个人立场,共同探讨一个能平衡各方利益的方案。毕竟,团结合作才是我们最强大的武器。希望大家能一起努力,找到最佳的解决方案。

在年会上,你被评为优秀员工,领导让你发言

⊗ 一般的回答

◎ 非常感谢领导和同事们的认可,我会继续努力工作,不辜

负大家的期望。

> ✅ **高情商回答**

◎ 首先，感谢领导和同事们对我的支持。这份荣誉不仅是对我个人的肯定，更是对我们团队努力的认可。过去一年，我们面临诸多挑战，但团队协作使我们取得了显著成绩，这离不开每位同事的辛勤付出。未来，我会保持谦虚学习，提升自我，为公司和团队发展贡献更多。期待与大家共创辉煌，感谢大家的支持和信任！

◎ 很高兴能拿到今年的优秀员工，首先我得感谢我们部门的主管，是他给了我很大的帮助，尤其是在我碰到困难时；然后我还得感谢我的同事们，是你们在工作中给予我无私的支持，才让我能有今天的成绩；最后，我还要感谢咱们的公司，给我们提供了这么好的一个平台，让我们能够发挥自己的能力。

面试官让你自我介绍一下时

> ❌ **一般的回答**

◎ 你好，我叫××，毕业于××大学，专业是计算机科学。我对编程有浓厚的兴趣，并且有很强的自学能力。我认为自己是一个勤奋、细心和有责任心的人，能够很好地适应团队工作……

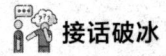

> ✓ **高情商回答**

◎ 你好，非常感谢有这个机会与您见面。我叫××，毕业于××大学，专业是软件工程。在校期间，我深入研究了数据结构、算法和人工智能等相关课程，并且积极参加了一些实践项目，这些经历让我对软件开发有了更深入的理解。我善于与团队合作，同时也能够独立思考和解决问题。在之前的实习中，我得到了领导和同事的认可，我相信这些经验会让我在未来的工作中更好地发挥作用。期待能够成为贵公司的一员，共同创造美好的未来。

当面试官询问你的职业规划时

> ✗ **一般的回答**

◎ 我计划在接下来的几年内，不断提升自己的技能和知识，争取在公司的某个部门或项目中担任关键角色，为公司的发展做出贡献。

> ✓ **高情商回答**

◎ 我的职业规划比较明确，期望在贵公司这一卓越团队中，不断学习进步，提升专业能力及综合素质。通过培训和项目实践，扩展知识与实践经验。与同事保持良好沟通与合作，为公司发展贡献力量。未来几年，我渴望承担更多责任与挑战，为公司创造更多价值。相信通过努力工作与持续学习，我能在公司关键领域或项目中发挥重要作用，为公司发展作出更大贡献。同时，我期待与公司共同成长，见证公司稳步壮大。

分析动机，才能听出弦外之音

当同事请求你帮忙完成某项任务时

✗ 一般的回答

◎ 我很忙，可能没时间帮你。

✓ 高情商回答

◎ 不好意思，我也想帮你，但是我这里还有领导交代的工作没有处理完……

◎ 当然，我很愿意帮助你完成这项任务。虽然我现在手上也有一些工作要处理，但我会尽量安排时间来帮助你。毕竟，我们是一个团队，互相帮助是应该的。你有什么具体的需求或者要求吗？我们可以一起讨论一下如何更好地完成这项任务。

◎ 非常感谢你信任我的能力。但我目前正在忙其他项目，时间上比较紧张，无法全身心投入你的需求中。真的很抱歉，我现在无法承担额外的工作负担。虽然我目前无法亲自协助你，但我可以向你介绍一些擅长这方面工作的同事，他们会给你很专业的建议。期待未来有机会我们可以再合作。

当客户提出无理要求时

✗ 一般的回答

◎ 这不可能，我们不能这样做。

✓ 高情商回答

◎ 非常感谢您提出这个要求，我非常理解您的需求和期望。然而，这个要求可能超出了我们目前的业务范围和生产能力。我们会尽力寻找其他解决方案来满足您的需求，同时确保我们的服务质量和业务标准不受影响。如果您有任何其他建议或想法，请随时告诉我们，我们会积极考虑并寻求最佳的解决方案。

当同事说"别多心，我这人说话比较直"时

✗ 一般的回答

◎ 哦，没关系，我明白你的意思。

✓ 高情商回答

◎ 谢谢你的提醒，我明白你性格直爽，说话直接。我也欣赏

这种坦诚的态度。请放心，我不会因此多心的。我们可以继续保持良好的沟通，共同努力，让团队合作更加顺畅。

◎ 我理解你，我们都希望沟通能够直接而有效。请放心，我会认真考虑你的观点，并尽力保持开放的心态。同时，如果我有任何疑虑或困惑，我也会及时向你反馈，希望我们合作愉快。

当面试官询问你对加班的看法时

⊗ 一般的回答

◎ 我认为在必要时，加班是可以接受的，我会尽我所能为公司做出贡献。

✓ 高情商回答

◎ 我相信高效的工作是建立在科学的时间管理上的。如果确实有需要加班的时候，我会义不容辞地投入工作，确保任务及时完成。但我也非常重视工作与生活的平衡，我认为只有身心健康，才能更好地为公司和团队做出贡献。同时，我也会努力提高自己的工作效率，尽量避免不必要的加班。我相信，通过合理安排和高效工作，我们可以既保证工作的质量，又保证生活的品质。

◎ 我认为每项工作都有其固定的时限。为了不影响项目进度，我不会被动等待上级的指示，而是会根据实际情况判断是否需要加班。当然,我会尽量避免不必要的加班,因为这可能意味着效率低下。同时,我也想强调,对于公司要求的加班或临时项目,我会全力以赴。

当爱人问你过去更爱她还是现在更爱她时

⊗ 一般的回答

◎ 过去更爱(现在更爱)。

✓ 高情商回答

◎ 亲爱的,我以前很爱你,现在依然爱你,未来会一直爱你。

◎ 亲爱的,对于这个问题,我不能给你明确的答案,因为我任何时候都炙热地爱着你,一直到永远。

当朋友问你最近是否忙碌时

⊗ 一般的回答

◎ 最近挺忙的。

✓ 高情商回答

◎ 最近确实过得挺充实的,忙着工作,忙着学习,忙着和朋友们相聚,忙着享受生活。虽然有时候会感到有些累,但我觉得这样的生活很充实,也很有意义。你呢,最近怎么样?

◎ 最近生活充实,有很多事情要做,但你的事总是最重要的。无论多忙,我都会为你腾出时间。

善于倾听,才能有效回话

当领导发表意见后问你的看法时

⊗ 一般的回答

◎ 领导,我完全同意您的看法,您的决策非常明智。

✓ 高情商回答

◎ 领导,我很认同您的想法,我先按照您的指示去执行,如果遇到困难,我再反馈给您。

◎ 领导,我非常赞同您的观点。您的决策考虑到了公司的整体利益和长远发展,显示出您的高瞻远瞩和深思熟虑。同时,我也想补充一些个人的想法,希望能对决策的实施提供一些帮助。比如,在……方面,我们可以考虑……这样做可能会更有利于……当然,这只是我的一些初步想法,还需要您进一步指导和完善。非常期待能与您和团队一起,共同推动公司的发展。

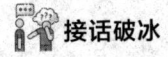 接话破冰

当同事向你抱怨事情太多,内心烦恼时

✗ 一般的回答

◎ 哎呀,确实是这样,你最近真的很忙。

✓ 高情商回答

◎ 这应该很累吧,你要注意休息啊!

◎ 我理解你现在的感受,工作确实有时候会让人感到"压力山大"。不过,每个挑战都是成长的机会,你可以尝试分步骤去解决,一次只做一件事。如果有需要,我可以帮你分担一些工作,或者一起讨论如何更有效地管理时间。加油,我相信你能做得更好!

当客户反映他的需求时

✗ 一般的回答

◎ 好的,我会记录您的问题,稍后给您回复。

✓ 高情商回答

◎ 非常感谢您的反馈,我已经详细记录了您的需求。请您放心,我们会尽快安排专业人员进行处理,并随时与您保持沟通,

确保问题得到及时解决。您的满意是我们最大的追求,我们会竭尽全力为您提供优质的服务。再次感谢您的理解和支持,祝您生活愉快!

◎ 非常感谢您的反馈,我们非常重视您的需求。为了更好地了解您的需求,能否请您详细描述一下您遇到的问题或需求?我会认真倾听,并尽力提供最佳的解决方案。同时,我也会向上级主管反馈您的意见和建议,以便我们不断改进和提升服务质量。再次感谢您的支持和信任,我们会尽快给您一个满意的答复。

当爱人买衣服征求你的意见时

⊗ 一般的回答

◎ 这件衣服很好看,很适合你,你穿上一定很漂亮。

✓ 高情商回答

◎ 亲爱的,这件衣服的颜色和款式都很适合你,穿在你身上一定能够展现出你的独特魅力。不过,最重要的是你自己是否喜欢,是否觉得舒适。如果你喜欢并且觉得穿着舒服,那就买下来吧。我相信你的眼光,无论你选择什么,都会是最美的。

◎ 亲爱的,你挑选的这件衣服很有品位,颜色和款式都很适合你。我相信你的眼光,不论选择哪件衣服,都会让你更出彩。最重要的是你穿起来开心,这样会让你更加光彩照人!

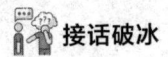 接话破冰

当朋友向你借钱时

✖ 一般的回答

◎ 唉,我现在手头也有点紧,可能没办法借给你。

✓ 高情商回答

◎ 朋友,我也很想帮你,可我家的"财政大权"都掌握在老婆手里,我的零花钱都不够用呀。

◎ 朋友,我很理解你现在可能需要一些经济上的支持,但很不巧的是,我最近也遇到了一些财务上的困难,手头并不宽裕。我很愿意在你有需要的时候尽我所能提供帮助,只是现在我的经济状况确实不允许我这么做,希望你能理解。

当孩子说自己在学校被老师批时

✖ 一般的回答

◎ 批评一下有什么呀,老师也是为你好。

✓ 高情商回答

◎ 孩子,我知道你现在可能感到很沮丧,被老师批评确实不好受。但你要知道,老师批评你也是希望你能够变得更好。你可

以告诉我，具体是因为什么事情被老师批评了吗？我们可以一起分析一下原因，然后想办法改进，避免再次犯错。无论如何，我都会支持你的，你是最棒的！

◎ 宝贝，听到你说在学校受到老师的批评，我理解你可能感到难过。但请记住，老师的批评也是他们关心你成长的一种方式。我们可以一起看看如何解决问题，这样你就能从中学习和成长。你的努力和进步是最重要的，我相信你能做得更好。

分辨提问动机,不以自身的价值观做评判

当有人说你脸色不好,是不是不舒服时

✗ 一般的回答

◎ 啊?是吗?可能是昨晚没睡好吧。

✓ 高情商回答

◎ 谢谢你的关心,我确实感觉有些疲惫。可能是最近工作比较繁忙,晚上没有休息好。我会注意调整作息,确保身体健康的。

◎ 谢谢你的关心,我只是没有准备好,心里有点紧张。

被别人问岁数,你不想告诉对方时

✗ 一般的回答

◎ 我二十多岁了,不想说具体的岁数。

✓ **高情商回答**

◎ 哈哈，我现在的心态和年龄一样，永远保持年轻和活力。不过，具体的数字还是留作我心底的秘密吧。

◎ 我觉得年龄只是个数字，重要的是我们的心态和活力，不是吗？我更愿意和你分享我的兴趣、爱好和人生经历，这些让我们的人生更加丰富多彩，不是吗？所以，让我们聊聊这些吧！

当别人夸你身材好时

✗ **一般的回答**

◎ 谢谢夸奖，我还需要继续努力。

✓ **高情商回答**

◎ 我觉得每个人都有自己独特的美，你也是如此。

◎ 哎呀，别夸我了，再夸我就要飘起来了。

当有人跟你聊起另外一个人的隐私时

✗ **一般的回答**

◎ 哎，我们还是不要讨论这种事情了吧，感觉不太好。

> ✓ 高情商回答

◎ 大家都很忙,我们还是先把自己的工作做好吧。你昨天提的那个创意很好,我们可以讨论一下如何落实。

◎ 我理解你可能对这个话题比较感兴趣,但我认为在背后讨论别人的私事并不太恰当。每个人都有自己的隐私和个人空间,我们应该尊重他们的权利。让我们聊聊更积极、更有价值的话题吧,比如最近的新闻、我们的工作或者兴趣爱好。我相信我们可以找到更多共同点和有趣的话题来交流。

当有人问你工作中是否愉快时

> ✗ 一般的回答

◎ 唉,工作嘛,就是为了生活,谈不上愉快不愉快。

> ✓ 高情商回答

◎ 三百六十行,行行出状元,干一行爱一行,我很喜欢足疗师的工作!

◎ 这份工作确实有辛苦的时候,但每当我看到顾客因为我的服务而感到放松和满意时,我就感到非常满足和快乐。这份工作也让我学到了很多关于人体健康和养生的知识,让我能够更好地照顾自己和家人。总体来说,我对这份工作还是非常感激和珍惜的。

认真把话听完，不要武断下结论

在团队会议上有人提出新颖的看法时

⊗ 一般的回答

◎ 这个想法听起来不错，但我们之前试过类似的方法，效果不太好。

✓ 高情商回答

◎ 你这个想法的确很有创意！我能听听你更详细的解释吗？我非常想了解一下你是如何思考这个问题的，以及为什么你认为这个方法会有效。我相信你的观点一定有很多值得我们借鉴和学习的地方。让我们一起深入探讨一下，看看如何将这个想法更好地融入我们的项目中。

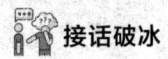 接话破冰

当下属抱怨你偏心时

⊗ 一般的回答

◎ 我从来没有偏心过,我对待每个下属都是公平的。

✓ 高情商回答

◎ 我理解你目前的不满和失落感,对此我深感抱歉。我始终致力于保持公正和公平,但有时我的决策可能无法令所有人满意。我会反思并寻求改进,同时期待你的建议和意见,以更好地满足你的需求和期望。每个人的贡献都是独特的,我会根据实际情况做出决策,并努力确保每个人都享有公平的机会和待遇。请相信,我会持续努力维护公正和公平的工作环境。

当家庭中因孩子的教育问题发生争吵时

⊗ 一般的回答

◎ 咱们别吵了,我看听谁的都不行,我还是自己看着办吧!

✓ 高情商回答

◎ 亲爱的,我知道我们对孩子的教育方式有不同的看法,这是很正常的。我们的目标是一致的,都是为了孩子的未来。能

否让我们先冷静下来，我们一起坐下来谈一谈，好不好？每个人都可以发表自己的观点，但最终的决定需要我们一起协商。我相信，只要我们互相尊重、理解对方，我们一定能找到最适合孩子的教育方式。我们都知道，和谐的家庭对孩子的成长至关重要，让我们一起为了孩子和家庭的幸福努力吧。

当孩子哭着对你说自己被人欺负时

> ⊗ 一般的回答

◎ 别哭了，谁欺负你了？找他去！

> ✓ 高情商回答

◎ 宝贝，看到你哭成这样，我真的很心疼。能告诉我发生什么事情了吗？是谁欺负了？别怕，无论发生什么事情，我都会站在你这边，支持你，保护你。如果你愿意，我们可以一起去找那个人谈谈，或者告诉老师和对方的家长，让他们帮助你解决问题。无论如何，我都会陪着你，直到你不再难受。

当孩子向父母表达对春游的兴趣或打算时

> ⊗ 一般的回答

◎ 哦，你们想去春游啊，那等天气好了再去吧。

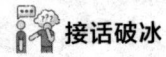 接话破冰

> ✓ **高情商回答**

◎ 听到你对春游充满热情,我真的很开心!春游确实是一个很好的机会,可以让我们走出家门,感受大自然的美丽,呼吸新鲜空气。我们可以一起计划一下,选择一个适合的目的地,带上一些好吃的、好玩的,一起度过一个难忘的周末。不过,我们也要确保安全,提前做好准备,比如查看天气预报、准备必要的应急物品等。

当医生听一位患者絮絮叨叨时

> ✗ **一般的回答**

◎ 好的,我已经明白了。你可以去做检查了,我们会根据你的情况给出治疗方案。

> ✓ **高情商回答**

◎ 非常感谢你能详细描述自己的病情和症状,这对我们制订合适的治疗方案非常有帮助。我知道病痛可能会让你感到不适和焦虑,但请相信我们会全力以赴,为你提供最好的医疗服务和关怀。我们会认真评估你的情况,并与你详细讨论治疗方案和预期效果。请放心,我们会一直帮助你,直到你恢复健康。

掌握倾听的力量,成为有效倾听者

在沟通的艺术中,我们常常强调表达的重要性,然而,一个卓越的沟通者更应当是一个出色的倾听者。倾听不仅仅是听对方说话,更是一种深入理解对方、建立信任和共鸣的艺术。那么,如何锤炼这一艺术,成为一个高效的倾听者呢?以下几点建议,结合具体实例,或许能为你提供一些启示。

一、设定明确的倾听目标

在开始沟通之前,明确自己希望从这次对话中获取哪些信息,希望实现什么目的。例如,在与同事讨论项目进展时,你的倾听目标可能是了解项目的当前状态、遇到的困难以及可能的解决方案。这样,你就能更加专注于对方的言辞,准确捕捉到关键信息,从而作出有针对性的回应。

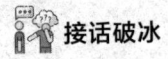 接话破冰

二、全身心地投入倾听

倾听不仅是耳朵的任务，更需要心灵的参与。你需要用眼睛去观察对方的表情和动作，用心去感受对方的情绪和态度。比如，在与朋友分享心事时，通过对方的眼神、语气和肢体语言，你能感受到对方的情绪变化，从而更加深入地理解对方的内心世界。

三、注意观察对方的非语言信息

语言信息无疑是至关重要的。然而，我们不能忽视的是，非语言信息同样在沟通中扮演着至关重要的角色。实际上，非语言信息在传达情感、态度、信任度等方面甚至可能比语言信息更加有效。在许多情境下，尤其是工作场合，了解并善于解读非语言信息，可以极大地提高沟通的效率。

四、表达理解和同情

在倾听过程中，回应对方的话语是一种重要的表达理解和同情的方式。当我们用肯定的语言回应对方时，我们实际上是在告诉对方，他们的感受和经历是被重视和认可的。这种回应不仅能让对方感觉到被关注，还能鼓励他们继续分享自己的故事。

五、给予积极的反馈

当我们与他人交流时，无论是在工作中还是在日常生活中，都需要时刻关注对方的情绪和表达，及时给予积极的反馈。例如，在与同事讨论创意方案时，我们可以通过点头、微笑、肯定的话语等方式，表达我们对同事想法的赞赏和支持。这种积极的反馈不仅能够让同事感到被重视和认可，更能够激发他们的创造力和表达欲望，促进创意的进一步拓展和完善。

六、不要逃避交谈的责任

在与他人沟通时，勇于提问和表达观点的重要性不言而喻。这不仅能够帮助我们更好地理解对方，还能够促进双方的互动和交流。比如，在向老师请教问题时，如果我们没有完全理解老师的解释，就可以大胆地提出自己的疑惑，请求老师再次解释。你可以说："对不起，我可能没有完全明白您的意思，您能再解释一下吗？"这样，我们不仅能够解决自己的疑惑，还能够让老师全面了解我们的学习状况，从而提供更加有针对性的指导。

总之，成为一个高效的倾听者需要付出努力和时间。通过设定明确的倾听目标、全身心地投入倾听、注意观察对方的非语言信息、表达理解和同情、给予积极的反馈以及勇于承担交谈的责任等方法，我们可以逐渐提高自己的倾听能力，成为一个更好的沟通者。在这个过程中，我们不仅能够更好地理解他人，也能够更好地表达自己，从而实现更加有效的沟通。

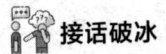 接话破冰

有效倾听，准确回话

表达理解和同情

- 最近我感到很沮丧，工作上遇到了一些挫折，感觉一切都变得很困难。
- 我非常理解你的感受。工作上的挫折确实会让人感到无助和沮丧。你可以具体说说发生了什么事情吗？

给予积极的反馈

- 我们公司最近进行了一次重组，我离开了原来的项目组，现在被分配到了一个完全不熟悉的部门。我感到很迷茫，不知道该怎么办。
- 这听起来确实很有挑战性。换到一个全新的部门，重新适应和学习业务确实不容易。请不要过分苛责自己，我相信你有足够的潜力去应对这一切。

不要逃避交谈的责任

- 谢谢你的理解和支持。我会努力调整心态，积极面对挑战。
- 我相信你一定能够克服困难，取得更好的成绩。如果需要任何帮助或者倾诉，随时都可以找我。

CHAPTER 2

第二章

抓住重点：带着目的来沟通

说出关键点,瞬间抓住对方的心

当老公给你发红包时

✗ 一般的回答

◎ 谢谢,这也不多呀。

✓ 高情商回答

◎ 你是我致富道路上最大的功臣。

老婆夸你,怎么回?

✗ 一般的回答

◎ 谢谢啊!

✓ 高情商回答

◎ 谢谢亲爱的,我的水平与你的眼光相比根本不值一提!

有人嘲讽你眼睛小，怎么回？

✗ 一般的回答

◎ 没办法，遗传的。

✓ 高情商回答

◎ 万物皆有裂痕，那是光照进来的地方。

别人夸你优秀，怎么回？

✗ 一般的回答

◎ 谢谢啊！

✓ 高情商回答

◎ 我要是不优秀一点儿，怎么能和你做朋友！

别人问你一个月挣多少钱？

✗ 一般的回答

◎ 没多少。

接话破冰

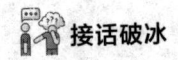

✅ **高情商回答**

◎ 比以前好多了,现在吃泡面放两根肠。

别人夸你漂亮时

❌ **一般的回答**

◎ 谢谢夸奖!

✅ **高情商回答**

◎ 我就喜欢跟你这种品位高的人打交道。

领导夸你进步大,怎么回?

❌ **一般的回答**

◎ 不敢当,不敢当。

✅ **高情商回答**

◎ 我能有这些进步,全靠领导平时悉心全面的指导,帮助我理清了工作思路,帮助我提升了业务能力。

领导夸你能干，怎么回？

⊗ 一般的回答

◎ 谢谢领导夸奖！

✓ 高情商回答

◎ 强将手下无弱兵，都是您领导有方，我要是不竭尽全力，干出一些成绩，都不好意思说是您手底下的兵。

回话时,别忘了说结论

你是一名软件销售代表,当有人购买产品时

✗ 一般的回答

◎ 非常感谢你的购买!如果你在使用过程中遇到任何问题,欢迎随时联系我们。

✓ 高情商回答

◎ 非常感谢您选择我们的产品!经过我们的讨论,我很高兴能够为您提供满足您需求的解决方案。您购买的是我们软件的年度订阅服务,包含所有的核心功能和未来的更新。此外,我们的客户支持团队将随时为您提供帮助,确保您在使用过程中得到顺畅的体验。如果在使用软件的过程中遇到任何问题,请随时联系我们。再次感谢您,期待与您的长期合作!

作为项目负责人，在团队项目进展会议上大家畅所欲言后，你需要回应时

⊗ 一般的回答

◎ 好的，大家的意见我都听到了，我们会尽快实施。

✓ 高情商回答

◎ 非常感谢大家的分享，我听到了我们在各个方面的进展和困难。我认为我们已经取得了一些显著的成果，特别是在……方面。同时，我们也面临一些挑战，比如……为了确保项目能够顺利进行，我建议我们可以……这样可以有效解决当前的问题，并为未来的工作做好准备。

当同事询问你是否要参加某个聚会时

⊗ 一般的回答

◎ 我想去（我不太想去，感觉没什么意思）。

✓ 高情商回答

◎ 谢谢你的邀请，我那天晚上正好有空，我非常愿意参加聚会。

◎ 谢谢你的邀请，但我个人不太喜欢参加这种聚会。我觉得

接话破冰

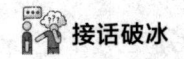

每个人的喜好和兴趣都不同，有些人可能觉得这样的聚会很有意思，但我更倾向于安静一些的活动。

在一次朋友聚会中，大家正在讨论最近的旅行经历时

✗ 一般的回答

◎ 哇，你们去的地方好美啊，我也想去看看。

✓ 高情商回答

◎ 听你们讲述旅行经历，我仿佛已经置身于那些美丽的风景之中了。每个人的旅行经历都是独一无二的，都让我感受到了不同的文化和风情。我也非常期待有一天能够去你们描述的那些地方，亲身感受那里的美景和文化魅力。同时，我也想分享我的一些旅行经历，或许我们可以一起计划下一次旅行，共同探索更多未知的世界。

你参与了一个关于气候变化的研讨会，在听完其他与会人员的发言后

✗ 一般的回答

◎ 你们的研究都很有深度，让我受益匪浅。

> ✓ **高情商回答**

◎ 从大家的讨论中，我们可以看到，气候变化是一个复杂且紧迫的问题。各位的研究为我们提供了宝贵的见解和解决方案。我认为，我们需要进一步加强各个方面的合作，共同应对这一全球性挑战。

当你与伴侣因家庭财务问题发生分歧时

> ✗ **一般的回答**

◎ 我觉得我们应该共同承担家庭开支，这样最公平。

> ✓ **高情商回答**

◎ 亲爱的，我知道我们在家庭财务问题上有一些分歧。我理解你的担忧和想法，但我也希望我们能一起找到一个更公平、更合理的解决方案。我认为我们可以一起坐下来，详细列出我们的收入和支出，然后讨论如何合理分配家庭开支。我们可以考虑根据我们的收入比例来分配开支，或者根据我们的需求和优先级来制定预算。我相信只要我们坦诚地沟通，尊重彼此的意见，我们一定能找到一个让我们都满意的解决方案。

根据问题的现状和实质来回话

当用户在使用软件时遇到技术问题,联系技术支持团队寻求帮助时

⊗ 一般的回答

◎ 很抱歉,我们的软件让您遇到了问题,我们会尽快为您解决。

✓ 高情商回答

◎ 好的,我明白了。这个问题通常是由于文件路径设置不正确或文件损坏导致的。我会为您提供一个修复步骤的文档,请按照文档中的步骤进行操作。如果问题仍然存在,请告诉我,我们会进一步调查。

当同事在工作中出现失误时

⊗ 一般的回答

◎ 你怎么会犯这种错误?这也太不小心了。

> **✓ 高情商回答**

◎ 我知道失误是在所难免的，特别是在繁忙的工作中。我们都有犯错的时候，重要的是从错误中吸取教训，避免再次发生。我相信你有能力解决这个问题，如果需要我的帮助，请随时告诉我。我们一起努力，共同克服这个挑战，确保项目的顺利进行。

当有人当众夸奖你的工作能力时

> **✗ 一般的回答**

◎ 谢谢您的夸奖，其实我还有很多需要学习的地方。

> **✓ 高情商回答**

◎ 非常感谢你的夸奖，我很高兴你对我的工作能力给予了肯定。不过，我也明白自己还有很多需要改进和学习的地方。我会继续努力，不断提升自己，为公司和团队做出更大的贡献。同时，我也非常感谢团队的支持和合作，没有大家的共同努力，我不可能取得今天的成绩。让我们一起继续努力，创造更加美好的未来！

接话破冰

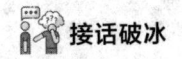

顾客在商店里对某个产品提出疑问时

⊗ 一般的回答

◎ 这个产品我们卖得很好,很多人都喜欢。

✓ 高情商回答

◎ 非常感谢您对这个产品的关注。我可以为您详细介绍一下它的特性和使用方法。如果您还有其他疑问,我们会尽力为您提供帮助。

当学生家长对教师的课程质量提出疑义时

⊗ 一般的回答

◎ 我理解你的疑虑,但每个人的教学方式和风格都不同,我会尽力改进。

✓ 高情商回答

◎ 非常感谢你对课程的反馈,我非常重视你的意见。我理解每个人的学习方式和期望都有所不同,我会尽力调整我的教学方式,以满足更多学生的需求。同时,我也非常欢迎你提供具体的建议和意见,这样我可以更好地改进我的课程设置和授课方法。我相信通过我们共同的努力,我们可以创造一个更好的学习环境，让每个学生都能在这里获得成长和进步。

当孩子放学后向你抱怨在学校遇到了困难时

> ⊗ 一般的回答

◎ 别难过了，明天去学校跟老师说一下吧。

> ✓ 高情商回答

◎ 孩子，看到你放学后有些不开心，我真的很心疼。你愿意跟我分享一下在学校遇到了什么具体困难吗？我相信，有时候说出来会感觉好受一些。无论遇到什么问题，我都会尽力帮助你解决，或者给你一些建议。有时候，困难只是暂时的，我们一起面对，一定能找到解决的办法。

击中要害，不说废话

当项目经理召集团队成员讨论项目进度滞后问题时

✗ 一般的回答

◎ 项目进展确实慢了一些，我们需要加快进度。

✓ 高情商回答

◎ 根据目前的项目进度报告，我们显然面临着一些挑战，导致进度滞后。我认为我们需要明确每个人的责任和任务，并优化工作流程，以确保项目能够按时完成。我建议我们立即召开一个紧急会议，详细讨论解决方案，并制订一个具体的行动计划。我们必须采取果断措施，确保项目能够按照既定的时间表和目标顺利进行。

你在商业谈判中处理突发情况时

⊗ 一般的回答

◎ 你之前没有提到这一点，我们需要重新评估目前的情况，重新拟订合同。

✓ 高情商回答

◎ 非常感谢你们提出的这份合同草案，它确实非常详尽。不过，在仔细审查之后，我发现了一些可能需要进一步讨论的地方。比如，第七条关于责任和风险的分配，我认为其内容可能并不完全符合市场惯例或行业标准。在我们进一步合作之前，我希望能就这一点与你们深入交流，看看能否找到一个更加公平和合理的解决方案。

当客户反映收到的产品存在质量问题时

⊗ 一般的回答

◎ 非常抱歉给您带来了不便，我们会尽快为您处理这个问题。

✓ 高情商回答

◎ 非常抱歉听到您遇到的问题，我明白这对您来说可能是一个很大的麻烦。我们非常重视您的反馈,并会立即对此进行调查。为了确保您的权益,我们愿意提供退换货服务,并承诺在未来的发货中加强质量检查。请您提供一下详细的订单信息,我们会尽快为您处理。

当团队成员讨论项目中可能出现的风险时

⊗ 一般的回答

◎ 这些都是可能出现的问题,但我们不能因噎废食,还是要按计划推进项目。

✓ 高情商回答

◎ 感谢大家提出的这些可能出现的风险点。从现状来看,我们确实需要为这些潜在风险做好准备。我建议我们成立一个风险应对小组,针对每个风险制订详细的应对方案,并定期进行风险评估和更新。这样我们可以确保项目顺利进行,同时最大限度地减少风险带来的影响。

当媒体在发布会上询问新产品的技术问题时

⊗ 一般的回答

◎ 这个问题涉及我们的核心技术,我不能透露太多信息。

> **✓ 高情商回答**

◎ 非常感谢您对我们新产品的关注。关于您提到的技术问题，我可以向您保证，我们的团队在研发过程中已经充分考虑并解决了这些问题。我们的产品经过严格的测试和优化，以确保在未来使用中的稳定性和可靠性。我们相信，这款产品将为用户带来全新的体验。

抓住对方的切身利益，才是协商的关键

你是一名软件工程师，正在与你的潜在雇主进行薪资谈判

❌ 一般的回答

◎ 我认为我的技能和经验值得更高的薪水。

✓ 高情商回答

◎ 非常感谢您给出的薪资提案，我相信这是一个在市场上相对合理的数字。然而，考虑到我拥有的专业技能和经验，以及市场上对此类技能的需求，我认为我有能力为公司带来更高的价值。因此，我希望能够讨论一下是否有可能调整薪资方案，以更好地反映我的贡献和市场需求。

当潜在客户对产品的价格表示疑虑时

⊗ 一般的回答

◎ 我们的产品价格确实偏高,但质量有保证,这是物有所值。

✓ 高情商回答

◎ 我完全理解您对产品价格的疑虑。确实,我们的产品价格在市场上可能偏高一些,但这是因为我们提供了卓越的品质和无可比拟的客户服务。我们的产品经过精心设计和制造,使用优质的材料,以确保其耐用性和良好性能。同时,我们提供完善的售后服务和技术支持,确保您在使用过程中能得到及时的帮助和支持。我相信,从长远来看,选择我们的产品将为您带来更多的价值和回报。如果您有任何进一步的疑问或需要更多信息,请随时告诉我们。

当团队成员提出一个不太实际的计划时

⊗ 一般的回答

◎ 这个计划听起来有些不太实际,我们需要重新考虑一下。

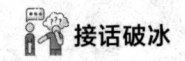

> ✓ 高情商回答

　　◎ 我理解你的想法，但考虑到我们现有的资源和时间限制，这个计划可能不太实际。我认为我们可以考虑提出替代方案或改进意见，这样既能满足目标，又更加可行。

当面试官质疑你的某项技能或经验时

> ✗ 一般的回答

　　◎ 我明白您对我的这项技能或经验的疑虑，但我在近期的××项目已经证明了自己的实力。

> ✓ 高情商回答

　　◎ 我理解您可能对我在这方面的能力和经验有所疑虑。但请允许我分享一个具体的例子，以说明我如何在最近的××项目中成功应用了这项技能，并取得了非常好的效果。我相信这能够证明我的能力，以及处理这类项目的丰富经验。

当租客与房东协商房屋租赁事宜时

> ✗ 一般的回答

　　◎ 这个租金价格太高了，我不能接受。

> ✅ **高情商回答**

◎ 我们觉得租金有些高,希望能有一些优惠。另外,我们也希望租期能够有一定的灵活性,以便应对可能的变化。

当夫妻俩与装修承包商协商家庭装修事宜时

> ❌ **一般的回答**

◎ 我们希望装修能在两个月内完成,你们能做到吗?

> ✅ **高情商回答**

◎ 我们非常期待能在两个月内完成装修,以便能早日搬入新居。我们理解装修过程中可能会遇到一些不可预见的情况,所以愿意保持一定的灵活性。同时,我们也非常重视装修的质量和设计,希望能与你们一起合作,打造出一个温馨舒适的家。你们能给我们一个确切的时间表吗?我们也好提前做好准备。

学会营造气场,掌握说话主动权

在一个社交聚会上,你与新朋友交谈

✗ 一般的回答

◎ 很高兴认识你,你平时都喜欢做些什么呢?

✓ 高情商回答

◎ 我很高兴能够在这里认识你。我注意到你的着装非常时尚,一定对流行元素有着独到的见解。我自己也对时尚和文化艺术颇有兴趣,不知道你是否愿意分享一些自己喜欢的时尚品牌?我相信通过交流,我们可以发现更多共同之处,让这次聚会变得更加愉快和难忘。

你参加一家大型企业的面试，当严肃的面试官让你自我介绍时

⊗ 一般的回答

◎ 您好，我是今天的面试者×××，希望能得到这个工作机会。

✓ 高情商回答

◎ 您好，非常荣幸能参加今天的面试，我是来应聘产品经理的候选人×××。我有五年的产品经理经验，成功主导过多个产品，我相信自己能够胜任这个职位。我了解到贵公司在行业内有很高的声誉，而且一直致力于创新，这与我的职业追求非常契合。若有幸能够加入贵公司，我一定会尽我所能为公司发展助力！

当团队内部就某个项目的实施计划进行讨论，意见不一致时

⊗ 一般的回答

◎ 我觉得我们现在的方向有问题，我们需要改变。

✓ 高情商回答

◎ 大家的意见都有道理。我们需要找到平衡点，既要考虑

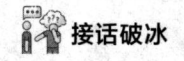

市场趋势，也要考虑技术可行性。或许我们可以尝试融合两种方案，形成一个新的思路。

在学术研讨会上，当你面对观众的提问时

⊗ 一般的回答

◎ 这个问题很有趣，我会尽力回答。

✓ 高情商回答

◎ 非常感谢您提出这个问题，它正是我们接下来要深入探讨的关键点。您的思考为我们提供了一个很好的起点。请允许我详细解释一下，并结合我们的研究成果和实际应用案例，来共同探索这个问题的答案。我相信通过我们的共同努力，我们能够找到让大家满意的解答。同时，也欢迎您在研讨会结束后继续与我交流，共同探讨更多相关问题。

在辩论赛上，当正反双方就某个社会热点展开辩论时

⊗ 一般的回答

◎ 我认为这个观点是错误的，因为……（提出反驳观点）。

✅ **高情商回答**

◎ 我完全理解你的观点,这是一个有争议的社会问题,每个人都有权利发表自己的看法。然而,从另一个角度来看,我认为……(提出自己的观点),因为……(给出理由和证据)。当然,这只是我个人的看法,我们可以继续深入探讨这个问题,寻找更多的解决方案。

与客户沟通,当客户对某个问题表示不满时

❌ **一般的回答**

◎ 非常抱歉听到您的不满,我们会尽快解决这个问题。

✅ **高情商回答**

◎ 非常抱歉给您带来了不便和困扰。我完全理解您的不满和担忧,这确实是我们需要重视和改进的地方。请放心,我们会立即采取行动,调查问题的原因,并尽快给出解决方案。同时,我们也会加强与您的沟通,确保您对我们的处理过程和结果感到满意。再次感谢您的反馈和耐心。

接话破冰

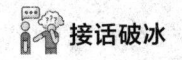

当同事遇到困难需要帮助时

⊗ 一般的回答

◎ 你需要帮忙吗？我可以帮你看看。

✓ 高情商回答

◎ 我注意到你似乎在处理这个问题上遇到了一些困难，需要帮忙吗？我很乐意提供一些帮助和支持。我们可以一起讨论一下如何解决这个问题，或者你可以分享一下你的思路，我可以给你一些建议和补充。相信我们通过合作和共同努力，一定能够克服这个困难，取得成功。

掌握三步沟通法，轻松获得他人青睐

在我们的日常生活中，无论是工作还是学习，沟通都是必不可少的一部分。有效的沟通不仅可以促进信息的传递，还能增进人与人之间的理解和信任。然而，要想实现有效的沟通，我们必须掌握科学的沟通方法，并以之为导向来展开对话。

第一步，明确沟通目的

设定清晰的目标有助于我们更加有针对性地展开对话。这意味着我们在沟通之前，需要先思考并确定我们希望通过这次对话达到什么样的效果。是希望解决某个问题，还是希望传达某个信息？是希望增进彼此的了解，还是希望建立更紧密的关系？这些问题的答案将决定我们对话的方向和内容。

例如，当我们与客户沟通时，我们的目的通常是解决问题，满足客户的需求，并建立良好的客户关系。因此，我们需要围绕这些目标来组织我们的语言和内容。我们可能需要仔细倾听客户的问题和需求,然后提供合适的解决方案。同时,我们还需要注意我们的语言和态度,以确保我们的话语能够帮助建立并维护良好的客户关系。

第二步,关注对方需求

在职场中,高情商的沟通者往往能够成为团队中的核心人物。他们善于观察和感知团队成员的需求和情绪变化,能够在关键时刻给予恰当的关怀和支持。当同事遇到困难需要帮助时,他们会主动询问并倾听对方的困扰,然后提供切实可行的建议和帮助。这种以对方为中心的沟通方式,不仅让同事感受到了温暖和关怀,更在无形中增强了团队的凝聚力和向心力。

高情商的沟通者还擅长通过细节洞察对方的需求。他们会在交流过程中留意对方的言语、表情和肢体语言等细微之处,从而更准确地把握对方的真实意图和感受。这种能力让他们能够更好地理解对方,进而提供更加贴心和有效的帮助。

第三步,运用同理心

同理心,这是一种能够站在他人立场上,深入理解他人内心情感和需求的能力。它是人类情感交流的基石,更是有效沟通的关键所在。在亲密关系中,同理心的运用显得尤为重要。想象一下,当你的伴侣对你提出批评时,如果你能够运用同理心去理解对方的感受和需求，而不是立刻反驳或逃避，那么你们之间的沟通将会更加和谐。你可以通过倾听、提问和反馈来展现你的同理心。例如，你可以说："我感觉你似乎有些不满，能告诉我具体是哪些方面吗？"这样的回应不仅能够让对方感受到你的关心和理解，还能够促进双方共同探讨问题的解决方案。

在职场中，同理心同样发挥着不可或缺的作用。在与同事、上司或下属沟通时，运用同理心可以帮助我们更好地把握对方的立场和需求，从而避免误解和冲突。比如，当你发现下属在工作中遇到困难时，你可以主动去了解他们的困境，提供支持和帮助。这样的举动不仅能够增强团队的凝聚力，还能够提升你在他人心中的形象。

掌握三步沟通法可以帮助我们更好地与他人进行沟通和合作。明确沟通目的、关注对方需求和运用同理心是实现有效沟通的关键。在日常生活中，我们可以不断练习和运用这些方法，逐渐提高自己的沟通能力和情商水平。这样，我们就能更轻松地获得他人的青睐和信任，建立良好的人际关系，为自己的人生和事业创造更多的机会和成功。

接话破冰

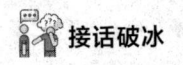

三步沟通法，让交流畅通无阻

明确沟通目的

——导师，我想和您讨论一下我的研究计划。

——当然，我很乐意听听你的想法。你的研究目的是什么？

关注对方需求

——我的研究目的是探讨人工智能在教育领域的应用，特别是智能教学系统的设计和效果评估。

——这个计划听起来很好。不过，你可能还需要考虑一些实际操作中的挑战，比如如何收集有效的数据、如何控制实验变量等。

运用同理心

——我明白了，导师。我会按照这个方向去调整我的研究计划的，并且尽快给您一个详细的方案。谢谢您的指导！

——不用谢，我相信你能够取得很好的研究成果。如果需要任何进一步的帮助或建议，随时都可以找我。

CHAPTER 3

第三章

无懈可击：逻辑缜密，把话说得天衣无缝

回话切忌模棱两可

当团队面临一个紧急决策,需要快速确定方向时

⊗ 一般的回答

◎ 我觉得我们可以先试试这个方向,如果不行再换。

✓ 高情商回答

◎ 根据目前的信息,我建议我们采取优化库存、降低消耗的策略,因为这个方向在过往的经验中证明是有效的,并且能够在短期内快速响应市场需求。这样可以在最短时间内看到效果,并降低风险。

当需要向团队或上级传达关键信息时

⊗ 一般的回答

◎ 我觉得这个问题可能是我们预期的那样,但我不太确定。

> ✓ 高情商回答

◎ 经过我们的深入分析和研究，我认为这个方案是切实可行的。它不仅能够解决我们当前面临的关键问题，还能为公司的长期发展打下坚实基础。我建议开始实施这个方案，并在执行过程中密切关注各项指标的变化，以便及时调整和优化方案。我相信通过我们的共同努力，一定能够取得令人满意的成果。

当朋友询问你对于某个观点的看法时

> ✗ 一般的回答

◎ 这个观点嘛，我觉得有点道理，但也不能完全确定。

> ✓ 高情商回答

◎ 这个观点确实引起了我的思考。从某个角度来看，它确实有一定的合理性。但同时，我也认为存在一些值得探讨和商榷的地方。我认为，我们可以进一步交流和讨论，以更全面地理解这个观点，并找到更加全面和深入的解决方案。

当客户询问你某个产品的性能时

✗ 一般的回答

◎ 这个产品的性能应该不错，但我不太清楚具体的数据。

✓ 高情商回答

◎ 非常感谢您关注我们的产品。关于这个产品的性能，我们已经进行了严格的测试和验证，确保它能够满足您的需求。同时，我们也提供了详细的技术规格和使用手册，以帮助您更好地了解和使用这个产品。如果您有任何进一步的问题或需求，请随时告诉我，我们会尽力满足您的要求。

当被问及一个你不确定的问题时

✗ 一般的回答

◎ 我不太确定，可能需要再查一查。

✓ 高情商回答

◎ 非常感谢您提出这个问题，这是一个很好的问题。不过，我目前不太确定具体的答案。我会尽快查找相关资料和信息，并给您一个准确和可靠的回答。

前后有序，注意回话的条理性

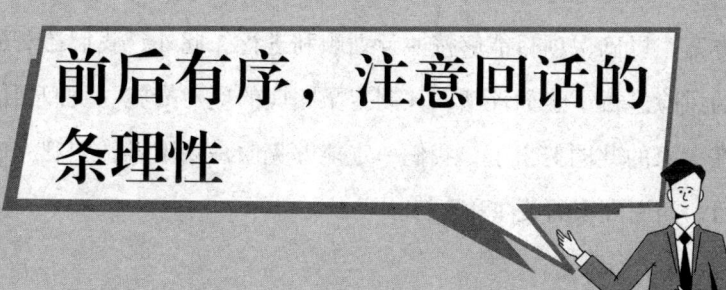

当你在晨会上作项目管理汇报时

✘ 一般的回答

◎ 我来汇报一下我们的项目进展情况。最近我们完成了A任务，B任务还在进行中，C任务遇到了些问题，需要协调资源解决。谢谢。

✓ 高情商回答

◎ 尊敬的领导，各位同事，我来为大家详细汇报一下我们项目的进展情况。首先，关于A任务，我们已经按照计划顺利完成了，这是整个项目的重要里程碑之一，它的完成为后续工作打下了坚实的基础。接下来，B任务正在紧锣密鼓地进行中，我们将按照预定的时间表稳步推进，预计能够按时完成。然而，在C任务的执行过程中，我们遇到了一些预料之外的挑战，这可能会对项目的进度产生一定的影响。我们正在积极协调资源，寻找解决方案，以确保项目能够按照计划顺利进行。此外，我们还对项目的风险进行了全面评估，并制定了相应的应对措施。我们相信，在大家的共同努力下，我们一定能够克服一切困难，顺利完成项目。谢谢大家的关注和支持。

在团队内部会议上，需要讨论某个重要决策时

⊗ 一般的回答

◎ 我认为我们应该选择A方案，因为它看起来更可行。

✓ 高情商回答

◎ 在讨论这个重要决策时，我想先分享一下我对A方案的理解。从目前的情况来看，A方案确实在多个方面表现出优势，如成本效益、执行难度和市场需求等。然而，我们也应该注意到，任何方案都有其潜在的风险和挑战。因此，我建议我们在决策之前，进一步深入研究和分析A方案的各个方面，同时也不排除其他可行的方案。我们可以组织一个跨部门的讨论会，邀请各方面的专家参与，共同评估各种方案的优劣，并找到最佳的解决方案。我相信，通过充分的讨论和模拟推演，我们能够做出明智的决策，为团队和公司带来更大的价值。

在企业内部培训会议上，你作为培训师的开场白

⊗ 一般的回答

◎ 好的，现在我来给大家讲解一下这个工具的使用方法。首先，你需要打开这个界面，然后点击这个按钮……

✓ 高情商回答

◎ 亲爱的同事们，感谢大家抽出宝贵的时间来参加这次培训。接下来，我将引导大家了解并掌握某个工具的使用方法。首先，请确保你已经打开了正确的界面，然后，你可以看到界面上有一个明显的按钮，点击它，你就会进入一个新的界面。在这个界面中，你可以看到各种功能和选项，我会逐一为大家解释它们的作用和使用方法。同时，我也会分享一些使用技巧和经验，帮助大家更快地掌握这个工具。我相信，通过大家的认真学习和实践，我们一定能够充分发挥这个工具的作用，提升我们的工作效率和质量。如果有任何疑问或困惑，请随时提出，我会尽力为大家解答和提供帮助。谢谢大家的参与和配合！

接话破冰

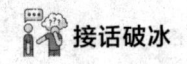

与客户进行业务洽谈，当客户提出一些不合理的要求时

⊗ 一般的回答

◎ 对不起，我们不能满足您的这个要求，因为这超出了我们的能力范围。

✓ 高情商回答

◎ 我非常理解您的需求，您希望我们能够达到这个标准，这是非常正常的。然而，在仔细评估了您的要求后，我们发现由于某些技术和资源的限制，我们可能暂时无法满足您的这一具体期望。但请您放心，我们会全力以赴，寻求最佳的解决方案来满足您的核心需求。同时，我们也非常欢迎与您进一步探讨，看看是否有其他方式或替代方案能够达成双方的共赢。我们始终致力于为客户提供最优质的服务，并期待与您的深入合作。

在团队内部出现分歧和争议时

⊗ 一般的回答

◎ 我觉得我的观点是对的，你们应该按照我的想法来。

✅ **高情商回答**

◎ 我理解每个人的观点和立场都可能有所不同,这是很正常的。在这种情况下,我认为我们需要进行更多的沟通和交流,以确保我们做出的决策是基于团队的整体利益和长远发展。我愿意倾听大家的想法和建议,并尝试找到一个能够平衡各方利益的解决方案。我相信,通过我们的共同努力,我们一定能够克服分歧和争议,实现团队的目标和愿景。

当上级交给你一项具有挑战性的任务时

❌ **一般的回答**

◎ 这个任务听起来很难,我不知道我们是否能够完成它。

✅ **高情商回答**

◎ 非常感谢您给我这个机会来承担这个具有挑战性的任务。虽然任务确实具有一定的难度,但我相信通过我们团队的共同努力和协作,我们一定能够克服困难,圆满完成任务。我会尽快制订详细的计划和时间表,并与团队成员一起讨论和明确各自的责任和角色。同时,我也会保持与您的沟通,及时反馈进展情况,并希望得到您的指导和支持。

有一说一，回话内容要真实

当同事询问你关于某个项目的进展情况时

⊗ 一般的回答

◎ 嗯，那个项目还在进行中，我们遇到了一些问题，但正在解决。

✓ 高情商回答

◎ 关于那个项目，我目前了解到的信息是，我们确实遇到了一些挑战，但团队正在积极应对和解决这些问题。具体的进展情况，我建议你直接和项目经理沟通，他掌握的信息会更全面和准确。

当朋友间为谈论汽车而产生争论时

⊗ 一般的回答

◎ 哎，我觉得特斯拉的车最好，电动车环保又智能，你怎么看？

✅ 高情商回答

◎ 其实，我对汽车的了解并不深，但我觉得特斯拉的电动车确实是个不错的选择，尤其是在环保和智能化方面做得很好。不过，我也知道有些人更喜欢燃油车，因为它们的驾驶体验和续航里程更符合他们的需求。所以，我觉得最好的选择还是要根据个人的需求和喜好来决定。我们可以一起探讨一下，看看哪种类型的汽车更适合自己。

当面试官问为什么选择这家公司时

❌ 一般的回答

◎ 我对贵公司有一定的了解，觉得它很有发展前景，所以就想来这里工作。

✅ 高情商回答

◎ 我对贵公司一直都非常关注，我非常认同公司的企业文化和价值观，同时我对公司的发展前景也非常看好。在了解公司的过程中，我发现公司的业务领域和我的专业背景非常契合，我相信我可以在这里发挥自己的专业优势，为公司的发展做出贡献。此外，我也非常欣赏公司的员工培训和晋升机制，这对我来说是一个很好的学习和成长的机会。我选择贵公司，不仅是因为它的

接话破冰

发展前景，更是因为我相信我可以在这里实现自己的职业目标，并与公司共同成长。

在一次家庭晚餐中，你和父母谈论最近的一些社会热点话题

⊗ 一般的回答

◎ 妈，你看那个新闻了吗？我觉得那件事情很让人生气！

✓ 高情商回答

◎ 爸，妈，最近有个社会热点话题，我想和你们分享一下。我看到新闻上说，现在有些地方的环境污染问题很严重，我觉得这是一个值得我们关注的问题。作为一家人，我们应该一起关注社会和环境问题，尽我们所能去做出一些改变。对于环境污染这个问题，我认为我们需要从日常生活做起，比如减少使用一次性塑料制品、多乘坐公共交通工具等。当然，这只是一个小小的开始，我们还可以通过更多的途径去关注和参与环保活动。同时，我们也应该呼吁更多的人加入这个行动中来，让我们的地球变得更加美好。爸爸妈妈，你们怎么看呢？

当你的朋友遇到情感问题，向你求助时

⊗ 一般的回答

◎ 哎，你怎么了？看上去心情不太好，需要我帮忙吗？

✓ 高情商回答

◎ 嗨，朋友，我看你最近似乎有些心事重重，如果你愿意的话，我想听听你的困惑，也许我能为你分担一些痛苦，或者提供一些建议。情感问题总是复杂的，但请记住，你不是一个人在面对这些困难，我会一直陪在你身边，支持你、鼓励你。无论你需要倾诉、需要建议，还是需要一个肩膀依靠，我都会一直在这里，为你提供帮助和支持。

道理不够,数据来凑

在公司的商业决策会议中,领导让你发言

❌ **一般的回答**

◎ 我觉得我们应该继续沿用我们之前的市场策略,因为它已经得到证明是有效的。

✓ **高情商回答**

◎ 尊敬的领导,亲爱的同事们,关于我们当前讨论的市场扩张计划,我想先分享一些关键数据。根据我们最新的市场调研,目标市场的年增长率达到了8%,而我们现有的市场增长率仅为3%。这意味着,如果我们不采取行动,我们将错过一个快速增长的市场机会。根据我们的数据,目前在该市场占据领导地位的公司市场份额为30%,而第二名的市场份额仅为15%。这意味着市场领导者的地位并不稳固,我们有机会通过有效的市场策略来抢占市场份额。我相信我们已经拥有了一个非常有潜力的市场扩张计划。通过我们的数据和财

务模型，我们可以看到，这是一个值得投入的机会。当然，我们也必须谨慎评估风险，并制订合理的市场策略。但我坚信，如果我们能够成功拓展现有市场，将为公司带来巨大的增长和收益。

在产品定价决策会上，你作为决策者发言

⊗ 一般的回答

◎ 我认为我们应该降低产品价格以吸引更多的消费者，提高市场份额。

✓ 高情商回答

◎ 各位同事，关于新产品的定价策略，我们不仅要考虑成本，还要结合市场需求和竞争环境。我们的市场调研数据显示，相似产品的平均定价为250元，而我们的产品由于采用了更先进的技术和材料，成本比竞品高出15%。但如果我们将价格定得过高，可能会失去市场份额。因此，我建议将我们的产品定价为300元，这既能够覆盖我们的成本，又能够保持与竞品的竞争力。

作为房产中介，当你向一位客户介绍房产时

⊗ 一般的回答

◎ 这套房源地理位置很好，交通便利，周围设施完善，是个

接话破冰

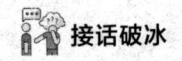

不错的选择。

✓ 高情商回答

◎ 您好！我很高兴有机会向您推荐这套位于繁华市中心的精致住宅。其优越的地理位置，使得它成为您理想的置业或投资选择。步行仅需5分钟即可到达地铁站，周边公交网络完善，交通出行极为便捷。此房产建筑面积120.26平方米，采用三室两厅的经典设计。宽敞的客厅配备了落地窗，不仅光线充足，通风效果也非常好。卧室朝南，让您尽享温暖的阳光。厨房和卫生间均配备了高品质的建材和家具，确保您居住的舒适性和便利性。值得一提的是，该房产的性价比极高，每平方米售价较市场价低500元。同时，其租金回报率也相当可观，预计年化回报率可达到3%，对于投资者来说，这无疑是一个理想的投资选择。总的来说，这套房产以其优越的地段、完善的设施和极高的性价比，无疑值得您深入考虑。如果您有任何疑问或需要更多信息，请随时与我联系，我将竭诚为您提供服务。

当你向朋友介绍你的爱车时

✗ 一般的回答

◎ 嗨，你看我这辆车怎么样？我觉得它外观很酷，驾驶体验也不错。

✓ 高情商回答

◎ 嗨，老兄，我新买的这款车真是妙不可言。它是目前市场上加速最快的量产车之一。根据官方数据，它从0到100公里/小时的加速时间仅需5秒仲。在外观设计上，它非常简洁，有流线型车身，充满了未来感。作为一款电动车，它在行驶过程中不会排放有害气体，这有助于减少空气污染和缓解全球变暖问题。据统计，如果每个人都驾驶电动车，我们每年可以减少数十亿吨的二氧化碳排放。

作为库存管理负责人，当你召开内部管理会议时

✗ 一般的回答

◎ 各位同事，我们最近的库存水平有些高，我们需要加快销售速度，减少库存积压。

✓ 高情商回答

◎ 各位同事，感谢大家抽出宝贵的时间参加这次会议。在库存管理方面，我认为我们应该采用更灵活的策略。根据我们的销售数据，某些畅销产品的库存周转率达到了每月5次，而一些滞销产品的库存周转率仅为每季度1次。这意味着我们的库存可能存在

不合理的配置。因此，我建议我们根据产品的销售数据和预测，动态调整库存量，以避免库存积压和浪费。

当患者问"我最近总是感觉胸闷，是不是得了心脏病"时

⊗ 一般的回答

◎ 胸闷可能是心脏病的症状，但也可能与其他健康问题有关。你应该进行详细的检查以确定原因。

✓ 高情商回答

◎ 胸闷可能是由多种原因引起的，不必过于担心。根据统计，大约30%的胸闷病例是由焦虑或压力引起的，而只有5%是由于心脏问题。我们会为你进行详细的检查，以确定具体的原因。

精准回话，避免产生误会

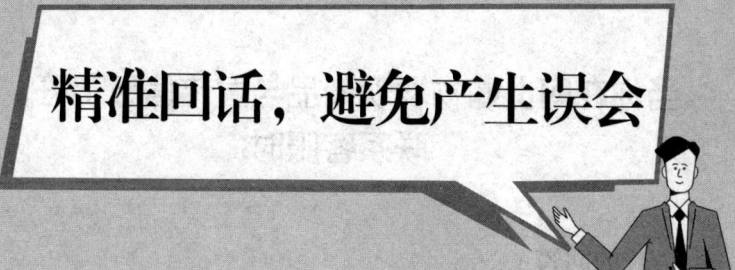

当经理问你"为什么还未提交本月销售报告"时

❌ 一般的回答

◎ 对不起，我忘记了。我会尽快提交给您。

✓ 高情商回答

◎ 经理，非常抱歉，由于最近客户反馈的问题较多，我一直在处理这些问题，所以耽误了报告的进度。我会尝试调整我的工作方式，确保既能及时处理客户问题，又能按时完成报告。

◎ 非常抱歉，我延误了本月销售报告。我原本计划在昨天完成并提交，但由于遇到一些紧急的客户事务，我需要投入额外的时间来处理。我会在今天下班前将报告发送给您，并确保类似情况不再发生。我会制订一个明确的时间表，并设置提醒，以确保未来的报告能够按时提交。感谢您的理解和支持。

接话破冰

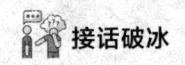

当你在网上购物发现商品与宣传信息不符，联系客服时

✗ 一般的回答

◎ 这个商品和我在网上看到的不一样，我很失望。

✓ 高情商回答

◎ 我收到的商品与网站上的描述不符，我要退货。我已经确认了商品完好无损，并拍摄了照片。

◎ 我注意到这个商品与网上显示的信息有些出入，这让我感到有些意外。我明白在线购物时，由于照片和文字的限制，有时难以完全展示商品的实际情况。不过，我相信这只是个误会。我会立即联系平台，了解详细情况，并寻求一个买卖双方都满意的解决方案。同时，我也会查看其他买家的评价，以确保这个问题不是普遍存在的。

当伴侣问"是不是最近有什么事情困扰你"时

✗ 一般的回答

◎ 没什么，我只是有点累，可能需要一些时间来调整。

✅ **高情商回答**

◎ 谢谢老婆关心。其实我最近工作压力很大，可能有些冷落了你，非常抱歉。我确实需要一些时间来调整自己的状态，但我保证会尽力平衡好工作和家庭的关系。

◎ 谢谢你的关心。我确实感觉有些不太对劲，可能有一些事情在困扰着我。最近工作压力有点大，加上一些个人问题，让我感觉有点心力交瘁。不过，我已经开始寻找解决问题的方法，并尝试调整自己的心态。我相信这只是暂时的，我会尽快恢复过来。谢谢你的理解和支持，有你的陪伴，我觉得很温暖。

当同事问"你今晚有空吗，我们可以一起去看电影吗"时

❌ **一般的回答**

◎ 我今晚有点事，可能去不了，你找别人吧。

✅ **高情商回答**

◎ 非常感谢你的邀请，我很乐意和你一起去看电影。不过，我需要先确认一下今晚的时间安排。请稍等一下，我很快就给你答复。

◎ 非常感谢你的邀请，我很期待和你一起去看电影。不过，很抱歉，我今晚已经有别的安排了。不过我们可以看看明天或者周末

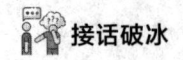

有没有时间，怎么样？或者你也可以问问其他人，看看他们有没有兴趣一起去。我很期待和你有更多的交流，我们可以一起计划一下。

当朋友问"最近是不是减肥了"时

✗ 一般的回答

◎ 是的，我最近在努力减肥，希望能变得更健康一些。

✓ 高情商回答

◎ 哈哈，你真是太细心了。我确实最近开始注重健康饮食，并且增加了一些运动。不过，这并不是为了减肥，而是希望能更健康、更有活力。减肥只是其中的一个方面，更重要的是我感觉自己现在更有精神了，每天都充满活力。你怎么样，最近有没有什么健康计划呢？

◎ 其实我最近在健身，增加了一些肌肉量，所以体重并没有减少太多。我感觉健身后自己的精神状态也好了很多。如果你有兴趣，我们可以一起去健身房。

朋友要换工作，征求你的意见时

✗ 一般的回答

◎ 我不知道，你自己决定吧。

✓ 高情商回答

◎ 这是一个很重要的决定,你需要认真考虑自己的职业发展和个人目标。如果你觉得现在的工作无法满足你的需求,或者你有更好的机会和发展空间,那么换工作是一个值得考虑的选择。不过,在做出决定之前,你可以先了解一下其他行业或公司的情况,评估一下自己的能力和兴趣能否适应新的工作。同时,也要考虑换工作可能带来的挑战和风险,做好充分的准备和规划。无论你做出什么决定,我都会支持你的。

◎ 首先,我想听听你对当前工作的感受和想法,你觉得哪里让你不满意?你有什么职业发展目标吗?了解这些信息之后,我才能更好地分析你是否该换工作。换工作需要深思熟虑,先分析当前工作的优缺点,看是否可改进。接着,还要考虑职业目标和经济状况。若换工作能更好地实现职业目标,且你已做好准备,我会全力支持。无论你怎么决定,我相信你都能做出最佳选择。无论有什么困难,我都会支持你。你的职业发展是你自己的事,我相信你会做出最好的决定。

回话要有度,不要做"啰唆先生"

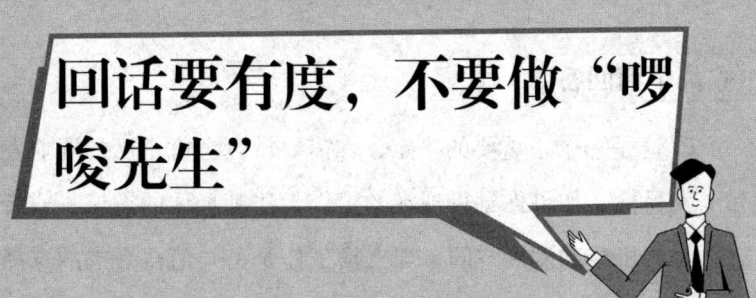

当领导问"对于这个项目,大家有什么建议吗"

✗ 一般的回答

◎ 领导,我还没想好,目前没什么建议。

✓ 高情商回答

◎ 领导,我建议先明确目标,分配任务,确保每个团队成员清楚职责并定期汇报进度。同时,全面查找风险并制订应对措施。

◎ 领导,我建议我们可以考虑对进度做出一些调整,并增加一些人手来加快进度。

当有人问"你能告诉我怎么使用这个新软件吗"

❌ 一般的回答

◎ 这个软件很简单,你只需要按照界面上的提示操作就可以了。

✅ 高情商回答

◎ 这个软件很简单,先登录账号,然后在主界面选择操作。创建新文档就点击"文件"然后选择"新建",你可以输入内容,也可添加图片和表格。另外,一定要记得保存。

◎ 当然,我很乐意帮你。这个软件其实很直观。首先,你需要下载并安装它,然后注册一个账号。登录后,你会看到一个简洁的界面,上面有几个主要的功能按钮。你可以点击"指南"或"帮助"按钮,里面会有详细的步骤和教程。如果遇到任何问题,软件内通常会有在线客服或帮助文档可供查阅。你觉得这样够清楚吗?如果还有其他问题,随时告诉我。

当同事说附近新开了一家餐厅,邀请你一起去品尝时

⊗ 一般的回答

◎ 好的,听起来不错,我们什么时候去?

✓ 高情商回答

◎ 听起来很不错,我很期待和你一起品尝新餐厅的美食。你定好时间后告诉我,我会尽量安排自己的时间。

◎ 听起来不错,但我今晚有个约会。下次有机会我们再一起去吧!

当朋友说"我最近有点迷茫,不知道该怎么办"时

⊗ 一般的回答

◎ 迷茫是正常的,每个人都会经历。你可以尝试多学习多思考,找到自己的方向。

✓ 高情商回答

◎ 内心陷入迷茫时确实很难受,不过别担心,我们都会有这

样的阶段。试着给自己一些时间和空间去思考，也可以来找我聊聊，我会尽力帮你的。

◎ 迷茫是很正常的，有时候我们需要时间来理清思路。你愿意多说说吗？或者需要我帮你分担些什么吗？

在超市购物遇到熟人，当他说"你买了这么多东西"时

✗ 一般的回答

◎ 是的，我买了很多东西，家里快没吃的了。

✓ 高情商回答

◎ 是啊，我今天打算做一些好吃的，所以买了不少食材。你呢，今天来超市买些什么？

◎ 是啊，今天家里来客人，所以要准备得丰盛点。你呢，来这里买点什么？

别拖泥带水，明确回答更显真诚

当同事请求你帮他修电脑时

✗ 一般的回答

◎ 我试试吧，但我不敢保证能修好。

✓ 高情商回答

◎ 当然可以，我很乐意帮你修电脑。不过，我需要先了解一下具体的问题，看看是否需要准备一些工具或者软件。你能告诉我电脑出现了什么问题吗？

◎ 当然，我很愿意帮忙。但是，我需要先知道电脑出了什么问题，这样我才能更有效地帮助你。你能描述一下具体的情况吗？比如，电脑是无法开机、运行速度变慢，还是出现了其他的问题？这样我就能更准确地判断问题所在，并尽快帮你解决。

当朋友邀请你一起去爬山时

⊗ **一般的回答**

◎ 我最近有点忙,可能去不了。

✓ **高情商回答**

◎ 爬山是个非常棒的活动,我很感谢你的邀请。我这周末没有安排,可以跟你一起去。

◎ 很抱歉,这个周末我有安排,不能去爬山了。

在餐厅点餐,服务员问"您需要喝点什么"时

⊗ **一般的回答**

◎ 我不渴,谢谢。

✓ **高情商回答**

◎ 不用了,谢谢。

◎ 你们有没有推荐的特色饮品或者和我点的菜比较搭配的饮品?如果有的话,我很愿意尝试。如果没有特别推荐的,那我就来一杯你们这里的招牌咖啡吧。

接话破冰

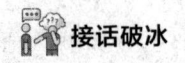

家庭聚会中，当亲戚问你"什么时候要孩子"时

✗ 一般的回答

◎ 我们还没想好，现在还不急着要孩子。

✓ 高情商回答

◎ 我们还在规划，有消息会告诉大家的，谢谢关心。

◎ 谢谢关心，我们目前还没有具体的计划，但我们会认真考虑的。

当朋友分享他最近的成就时

✗ 一般的回答

◎ 哇，太厉害了，恭喜你！

✓ 高情商回答

◎ 我为你的成就感到骄傲，这一定是你付出了很多努力的结果。能和我分享一下你成功的秘诀吗？

◎ 听到你的成就，我为你感到非常高兴。这一定是你坚持不懈、努力奋斗的结果。你能和我分享一下你成功的心得和体会吗？我也想从你身上学习一些成功的经验。

当朋友在你面前抱怨时

✗ 一般的回答

◎ 唉，别难过了，事情总会好起来的。

✓ 高情商回答

◎ 我完全理解你现在的感受，这确实是个让人头疼的问题。你有没有想过采取一些措施来提高收入？或许我可以帮你出出主意。

◎ 我完全理解你现在的感受，这确实是个让人头疼的问题。你愿意和我分享一下具体的情况吗？也许我可以给你一些建议，或者帮助你从不同的角度看待这个问题。

特别会说话的人,都是这样回话

特别会说话的人,他们的魅力常常体现在与他人的互动中,尤其是他们独特的回话方式。他们的回答不仅简洁明了,还充满了智慧和技巧。

学舌式回话

学舌式回话要求说话者能够准确地理解对方的意思,并以相似的方式表达出来。这种回话方式不仅有助于确保沟通的顺畅,还能让对方感受到被尊重和理解。例如,当有人向你抱怨某件事情时,你可以用自己的话复述他们的抱怨,这样既能表明你在认真倾听,也能让对方感到被认可。

然而,学舌式回话并不是简单的鹦鹉学舌,而是需要说话者具备较高的语言理解能力和表达能力。在复述对方的话语时,不仅要准确传达对方的意思,还要保持原句的语气、情感和语义。这需要说话者具备较高的情商和沟通能力,才能做到恰到好处地回应对方。

除了在日常沟通中使用学舌式回话外,它在许多职业领域中也有广泛应用。比如,在心理咨询中,咨询师常常使用学舌式回话来确保自己准确理解了来访者的问题,从而提供更加有效的帮助。在教育领域,教师也会使用学舌式回话来确保学生理解了自己的教学内容,并及时纠正学生的理解偏差。

要注意的是,学舌式回话并不是万能的。在某些情况下,过于依赖学舌式回话可能会让沟通变得机械化和僵化。因此,在使用学舌式回话时,我们需要根据具体情况灵活应对,结合其他沟通技巧来确保沟通的顺畅和有效。

夸赞式回话

特别会说话的人常常能够发现他人身上的优点和闪光点,并通过夸赞的方式表达出来。这种回话方式不仅能够增强对方的自信,还能让对话氛围更加轻松愉快。例如,当有人分享他们的成就时,你可以用一句真诚的夸赞来回应,如"你的表现很棒",这样的夸赞不仅能让对方感到愉悦,还能增进你们之间的友谊。

会说话的人,总是能够用简单而温暖的话语,化解尴尬和冲突。他们知道,在交流中,倾听和理解同样重要。当对方遇到困难或烦恼时,他们会用体贴的话语给予安慰,如"我明白你的感受,你一定能够渡过这个难关",这样的话语,能够让对方感到被理解和支持,从而更加愿意分享自己的内心世界。

不仅如此，会说话的人还能够在对话中巧妙地引导话题，让交流更加深入和有趣。他们懂得如何把握时机，提出有深度的问题，引导对方分享更多的故事和思考。在这样的对话中，不仅能够增进彼此的了解和信任，还能够激发对方的思考和创造力。

认可式回话

这是一种能够表达认同和支持的回话方式。特别会说话的人在与他人交流时，常常能够敏锐地捕捉到对方的观点和需求，并通过认可的方式给予回应。这种回话方式能够让对方感到被尊重和支持，从而增强他们的信任感和归属感。例如，当有人提出一个建议时，你可以用一句"我同意你的看法"来回应，这样既能表达你的认可，也能鼓励对方继续发表意见。

在团队合作中，这种回应方式尤为重要。当团队成员提出自己的见解或建议时，一句"你的想法很有创意，我支持你的决定"不仅能让对方感到被重视，也能增强团队的凝聚力，推动项目的顺利进行。

然而，需要注意的是，这种回应方式并非无原则地附和他人。而是在理解和尊重的基础上，对对方的观点表示赞同和支持，同时也能够提出建设性的反馈和建议。这样，我们才能真正做到"理解他人，也被他人理解"，从而推动交流的深入进行。

当然，要想真正掌握这些回话技巧，并不是一蹴而就的事情。我们需要不断地学习和实践，积累丰富的经验和技巧。同时，我们还需要注重提高自己的情商和人际交往能力，让自己更加善于与他人建立良好的关系。只有这样，我们才能在与人交流中更加自如地运用这些技巧，展现出自己的魅力和智慧。

总之，特别会说话的人之所以能够在与他人交流中游刃有余，往往是因为他们掌握了这些有效的回话技巧。通过运用学舌式回话、夸赞式回话和认可式回话等方式，他们不仅能够更好地理解对方的需求和观点，还能让对方感受到被尊重、理解和支持。因此，我们应该努力学习这些技巧，并将其应用到日常生活中，让自己的说话能力更加出色。

接话破冰

高情商回话的三个技巧

学舌式回话

> 最近我去了趟泰国，被那里的文化和美食深深吸引了。

> 哦，真的吗？听说泰国的文化很独特，美食也很有特色。

夸赞式回话

> 是的，尤其是泰国的冬阴功汤和椰汁鸡汤，简直是人间美味！

> 哇，你对美食真的很有研究！泰国的美食确实是世界闻名，我也特别喜欢啊！

认可式回话

> 泰国的礼仪和传统文化也给我留下了深刻印象，让我对他们刮目相看。

> 确实，泰国的文化传统非常深厚，他们的礼仪和尊重他人的态度很值得学习。看来你这次旅行收获颇丰啊！

CHAPTER 4

第四章

妙语连珠：将错就错，巧用幽默

玩转幽默,整个场子你掌控

当聚会出现冷场时

✗ 一般的回答

◎ 哎呀,这气氛怎么突然变得有点尴尬呢?

✓ 高情商回答

◎ 哈哈,看来今晚的星星都躲到云层后面去了,不敢见我们这么一大群人啊!来,大家再热闹点,把星星都吓出来!

◎ 哎呀,看来我们大家都变成沉默的羔羊了!来,我给大家讲个笑话,看看能不能唤醒沉睡的狼群啊!

当团队会议陷入沉闷时

✗ 一般的回答

◎ 大家能不能提点建设性意见?

✅ **高情商回答**

◎ 看来我们今天的会议需要加点"调料"啊！大家有没有什么有趣的案例或者想法可以分享，让我们的讨论更加生动有趣？

◎ 我感觉我们今天的会议像是在听一支"催眠曲"。要不我们来点互动游戏，活跃一下气氛，激发大家的灵感？

当有人不小心打翻了东西时

❌ **一般的回答**

◎ 哎呀，小心点！

✅ **高情商回答**

◎ 哈哈，看来你想给地板送个"大礼"啊！没关系，我们一起清理一下，下次注意点就好！

◎ 哎呀，你的"礼物"真是别具一格啊！不过别担心，我们会一起收拾好的。下次记得看好你的"目标"哦！

当有人迟到了很长时间时

❌ **一般的回答**

◎ 哎呀，你怎么才来啊？

接话破冰

> ✓ **高情商回答**

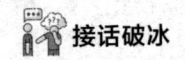

◎ 哎呀,你这不是迟到了,简直是穿越了时空啊!不过,我们依然很高兴你能来到这里,快来跟大家分享你的穿越故事吧!

◎ 哈哈,看来你是去跟时间赛跑了啊,是不是赢了以后还给我们带了什么礼物?

在线群聊中,当大家似乎都在"潜水",没有人发言时

> ✗ **一般的回答**

◎ 大家怎么都不说话呀?是不是都忙着"潜水"呢?

> ✓ **高情商回答**

◎ 哎呀,看来我们的群聊需要一点"氧气"来激活!有人愿意停下繁忙的工作,在群里聊几句吗?

◎ 哈哈,看来我们的群聊已经变成了"沉默的海洋",大家都在"潜水"呢!要不我们来玩个游戏,或者分享一些有趣的事情,看看谁能打破这个沉默?说不定还能捞出几个"宝藏"呢!

◎ 哎呀,大家是不是都在忙着"潜水找宝藏"呢?别急,我来投个石子,看看能不能激起一点浪花!

当同事们在公务聚餐中有些拘谨,没有放开聊天时

⊗ 一般的回答

◎ 大家怎么都这么拘谨啊,放松点嘛!

✓ 高情商回答

◎ 来来来,大家别这么拘谨嘛!今天我们来聊聊工作以外的话题,比如谁是最会点外卖的人?

◎ 哎呀,今晚的氛围怎么有点像"冰封的世界"啊!不过没关系,我会用我的热情来融化这层"冰",让大家都感受到温暖和欢乐!来,一起举杯,为我们美好的相聚干杯!

勇于自嘲，用我的"短处"博你一笑

当入职新公司做自我介绍时

> **✗ 一般的回答**

◎ 大家好，我叫×××，很高兴加入这个团队。我之前在×××公司工作，负责×××项目。希望今后能与大家合作愉快！

> **✓ 高情商回答**

◎ 大家好，我是×××，是一个程序员。我的主要技能是修复Bug（程序错误），但请别误会，我不是那种能预测未来的Bug修复者，我只是那种修复了Bug然后引入更多Bug的那种。

◎ 大家好，我叫×××，是个有点"路痴"的人。希望在这个新环境中，大家能帮我多认认路，找到属于我的方向。我之前在×××公司工作，负责×××项目。对于新的工作挑战，我会全力以赴，也期待与大家共同学习、共同进步！如果有机会的话，或许我还可以分享一些我在找路方面的有趣经历，让大家在紧张的工作之余轻松一下。

当团队中出现小失误时

⊗ 一般的回答

◎ 哎呀,这次失误真是不应该啊!

✓ 高情商回答

◎ 看来这次我变成"失误大王"了!不过没关系,失败乃成功之母,我们正好可以从这次失误中吸取教训,下次避免再犯同样的错误。大家不要因为我一个人的失误而影响了整个团队的士气,一起加油,争取下次做得更好!

◎ 看来我们的团队里有个"超级英雄",他用独特的方式给我们带来了额外的挑战!不过没关系,这正是我们团队锻炼协作能力的好机会!

在团队会议上,当某个方案遭到大家反对时

⊗ 一般的回答

◎ 哎呀,这个方案真的不行吗?

> ✓ 高情商回答

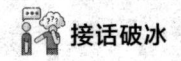

◎ 哎呀,看来我的方案需要接受一些"严格考验"啊!不过,这正是我们成长的机会!谢谢大家提出的宝贵意见,我会认真倾听、积极改进,确保下次能够呈现更加完善的方案。

◎ 哈哈,看来我的方案真是"漏洞百出"啊!不过没关系,这正是团队讨论的魅力所在。有人反对说明我们有不同的观点和思考,这正是我们需要深入探讨的地方。

当自己被调侃或取笑时

> ✗ 一般的回答

◎ 哎呀,你们别取笑我了!

> ✓ 高情商回答

◎ 哈哈,我知道我在你们心中是个"活宝",不过别担心,我不会因为这点小事就生气的。反而觉得大家这样开心,我也很开心!

◎ 哎呀,看来我今天成了大家的"开心果"啊!不过没关系,我知道大家是在开玩笑,我不会放在心上的。而且,我觉得这样的互动也能增进我们之间的友谊,让我们的团队更加团结和融洽!

在社交聚会上，当有人夸你有趣时

⊗ 一般的回答

◎ 哪里哪里，我其实没那么有趣。

✓ 高情商回答

◎ 哈哈，是的，我总是试图用我的幽默感来掩盖我实际上是个内向宅男的事实。

◎ 哈哈，我只是把生活当作一场即兴表演，每天都在努力练习呢！不过，如果你觉得我有趣，那可能是因为我的大脑里有个"幽默工厂"，它时不时地生产出一些有趣的点子。

在朋友聚会上，当有人说你最近看起来有些疲惫时

⊗ 一般的回答

◎ 哎，是啊，最近确实有点累。

✓ 高情商回答

◎ 哈哈，看来我最近成为"熊猫眼"大使了！确实，最近工作和生活都有点小忙碌，不过这也是成长的一部分吧。谢谢大家

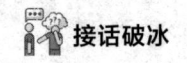

的关心，我会好好调整状态的，争取下次出现在大家面前时更加精神焕发！

◎ 哈哈，你说对了！我最近确实在"熬夜大赛"中连续夺冠，连黑眼圈都成了我的忠实粉丝了！不过别担心，我正在努力调整作息，争取早日成为"早睡早起俱乐部"的VIP会员。

反问式幽默，把难题丢回去

在办公室闲聊，当同事说经理不喜欢他时

✗ 一般的回答

◎ 真的吗？我没注意到啊。

✓ 高情商回答

◎ 哈哈，你是不是经理的"隐形粉丝"啊？对他的喜好都了如指掌啊！不过，我觉得经理应该更喜欢我们专注于工作，而不是过多关注他的个人喜好。你说呢？

◎ 哈哈，看来你成了经理的"心灵感应者"了！不过，我觉得与其猜测经理的喜好，不如努力干好自己的工作，让他对我们的表现更满意。你说呢？

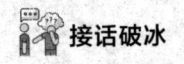

当有人指责你工作不认真时

⊗ 一般的回答

◎ 哎呀，我真的尽力了，可能是有些地方没做好吧。

✓ 高情商回答

◎ 我觉得我的工作方式就像是在画画，需要灵感和创意的碰撞。如果我一直不停地工作，那可能会扼杀我的创造力，你说对吧？

◎ 哦，那你一定是没看到我认真工作的时候，因为我认真工作的时候就像隐形人一样，你根本看不到我。难道不是吗？

当有人问你为什么选择现在的工作时

⊗ 一般的回答

◎ 因为我觉得这份工作比较适合我。

✓ 高情商回答

◎ 哈哈，这个问题可难倒我了！我觉得现在的工作就像是一场"冒险之旅"，每天都充满了新的挑战和机会。而且，我也很喜欢这里的团队氛围，大家就像一家人一样。你呢，是什么吸引了你选择这份工作？

◎ 哈哈，选择这份工作对我来说就像是"命中注定"一样！它完美地结合了我的兴趣和能力，让我能够在这里充分发挥自己的潜力。而且，我还觉得这份工作有很大的发展空间，未来有很多机会可以探索和学习。你觉得呢？

当孩子说现在学的知识都过时了

⊗ 一般的回答

◎ 孩子，这些知识虽然有些老，但它们是我们理解新知识的基础。

✓ 高情商回答

◎ 哦？那你能举个例子吗？你认为哪些知识是过时的？

◎ 哈哈，你说得对！现在的知识确实在不断更新和进步。那你觉得我们应该如何学习，才能更好地适应未来的变化呢？或者你有什么新的想法和观点，愿意和我们分享一下吗？

当孩子问"我为什么不能吃糖果"时

⊗ 一般的回答

◎ 因为糖果对你的牙齿不好，吃了容易蛀牙。

> ✓ **高情商回答**

◎ 如果你一直吃糖果,牙齿就会痛。

◎ 孩子,如果你想拥有健康洁白的牙齿,就尽量少吃糖。

在餐桌上,当妈妈又对你催婚时

> ✗ **一般的回答**

◎ 妈,我现在还不想结婚呢。

> ✓ **高情商回答**

◎ 妈,我知道你担心我,但结婚这事儿得慢慢来,急不得。你放心,我会找到合适的人的。我们先聊聊今天的菜怎么样吧?

◎ 妈,你知道为什么我一直没找到合适的人吗?因为我在等那个能和我一起分享你做的美食的人啊!如果没有合适的人,我宁愿一直单着,至少还能来家里蹭饭。

以谬制谬,借言回话

当朋友彩票中奖,你们之间轻松调侃时

⊗ 一般的回答

◎ 哎呀,你运气真好,下次记得请我们吃大餐啊!

✓ 高情商回答

◎ 哦?那你岂不是要成为"运气之王"了?那你准备好接受所有好运的挑战了吗?比如,明天早上起来发现你家门口停了一辆全新的跑车?别忘了,成为"运气之王"可是要承担很大责任的,比如分享你的好运秘诀,帮助我们这些运气不佳的人。你准备好了吗?

当老板问你本月业绩下滑的原因时

⊗ 一般的回答

◎ 老板,我这个月的业绩确实有些下滑,可能是市场竞争太

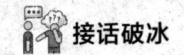

激烈了。

> ✅ **高情商回答**

◎ 是的，老板，我确实需要加把劲，不然我就要遭遇"业绩滑铁卢"了。不过，您放心，我已经制定了一个"逆袭计划"，下个月我一定会成为"业绩之星"！

当同事向你推荐一家网红餐厅时

> ❌ **一般的回答**

◎ 听起来不错，我会去尝试一下的，不过听说他们家上菜很慢。

> ✅ **高情商回答**

◎ 哈哈，看来你不仅是个工作狂，还是个美食侦探啊！你推荐的餐厅我一定会去尝尝的，我相信你的眼光。不过，在我去之前，你能不能先替我去探探路，感受一下他们家的上菜速度，是否像"传说"中那样慢！

当你遇到一个喜欢抬杠的人时

> ❌ **一般的回答**

◎ 我就喜欢穿这样的衣服出门，关你什么事！

✅ 高情商回答

◎ 是啊，你说得对，我这件衣服确实很难看。不过，我想可能是因为我太有个性了，所以喜欢穿一些与众不同的衣服。而你呢，你的衣服总是那么时尚、那么好看，一定是因为你是个随波逐流、没有个性的人吧？

孩子要求你每个月都给他买一个最新的玩具时

❌ 一般的回答

◎ 孩子，我们不能每个月都买最新的玩具，这样太浪费了。

✅ 高情商回答

◎ 哈哈，那你岂不是要成为玩具界的"大王"了！那你知道"大王"需要承担什么责任吗？他们需要每天照顾好玩具，和玩具待在一起，以确保自己是真正的王者。而且，他们还需要分享自己玩玩具的经验，帮助其他小朋友也成为玩具高手。你准备好承担这些责任了吗？

巧妙回答由名字引发的尴尬

当对方叫不出我们的名字时

✗ 一般的回答

◎ 没关系，我叫×××，你可以叫我××。

✓ 高情商回答

◎ 哈哈，没关系，我的名字是比较拗口，所以你总是容易忘记。我父母希望我能够成为那种让人难以忘怀的人，但他们可能没想到名字也会这么难记。其实叫什么都无所谓，重要的是我们之间的交流和理解，不是吗？

当对方不小心念错我们的名字时

✗ 一般的回答

◎ 没关系，我的名字有时候确实容易念错。

✅ 高情商回答

◎ 哈哈，看来你的舌头在我的名字上遇到了"滑铁卢"啊！没关系，名字只是一个代号，重要的是我们之间的交流和友谊。下次你可以试着用更流畅的语言来念我的名字，或者我可以教你一个顺口溜，让你更容易记住。你觉得怎么样？

当你介绍自己的名字时

❌ 一般的回答

◎ 你好，我叫×××，很高兴认识你。

✅ 高情商回答

◎ 你好，我叫刘美丽，不知道父母为何给我取"美丽"这个名字。我没有苗条的身材，也没有出众的气质，更没有漂亮的脸蛋，这大概是父母希望我虽然外表不美丽，但不要放弃对一切美丽事物的追求吧。

◎ 你好，我叫李小华，木子李，大小的小，中华的华。都是几个最简单的字，就如我本人，简简单单、快快乐乐。但简单不等于没有追求，相反，我是一个有理想并执着追求的人，在追求理想的路上我快乐地生活着。

◎ 你好，我叫朱伟慧，我的名字读起来像"居委会"，正因为如此，大家尽可以把我当成"居委会"，有困难的时候来反映反映，本"居委会"力争为大家解决。

◎ 你好，我叫陈子健，我还未出生的时候，这个名字就在我父亲的心目中了。据说他很喜欢这样一句古语，"天行健，君子以自强不息"，于是毫不犹豫地给我取了这个名字，希望我像君子一样自强不息。没办法，父母之命不敢不从，何况刚出生的我还没有能力来修改自己的名字呢。

当你的名字与明星相同时

⊗ 一般的回答

◎ 你好，我叫周杰伦，不过只是名字相同而已，和唱歌的那个周杰伦没关系。

✓ 高情商回答

◎ 哈哈，是的，我和那位著名的歌手周杰伦同名。不过，我相信我们各有各的特点和魅力。歌手周杰伦用他的音乐给人们带来了欢乐和感动，而我则希望通过自己的努力和才华，在我的领域里也能为大家带来一些积极的影响。名字只是一个代号，重要的是我们如何活出自己的价值，不是吗？

当你的名字比较拗口不好记时

⊗ 一般的回答

◎ 你好,我叫赵仝非昇,名字有点拗口,不好记。

✓ 高情商回答

◎ 你好,我叫赵仝非昇,很高兴认识你。我的名字是由我父母的姓氏和我奶奶给我取的名字组成的。虽然名字有点拗口,但它代表了我家族的传统和祝福。有时候确实会有些不方便。但我也习惯了,而且我觉得名字只是一个代号,真正重要的是我们之间的交流和合作。大家可以直接叫我"非非",这样更亲切一些。

当你的名字与某个贬义词或负面词汇相似时

⊗ 一般的回答

◎ 哎,我的名字总是被人误会,其实它并没有那个意思。

✓ 高情商回答

◎ 哈哈,我知道我的名字在某些情况下可能会让人产生误解,但其实它并没有那个意思。我父母给我取这个名字是希望我能成为一个豁达阳光的人。名字只是一个代号，真正重要的是我们的行为和品质。所以，希望大家不要仅仅因为名字而对我产生偏见，而是更多地了解我，了解我的性格和为人。

用幽默为你的回话加点料，更能说服对方

当说服对方接受一个复杂或烦琐的任务时

❌ 一般的回答

◎ 这个任务确实很复杂，但我相信你能完成它。

✓ 高情商回答

◎ 这个任务就像一场"超级马里奥"游戏，虽然路上有很多难关，但我知道你有着无敌的跳跃能力和勇往直前的决心，所以我相信你一定能通关！加油，未来的"马里奥大师"！

当你想鼓励对方参加一个比赛或活动时

❌ 一般的回答

◎ 你很有潜力，我相信你一定能取得好成绩。

✓ 高情商回答

◎ 你知道吗？每次你参加比赛或活动，我都觉得你是在"打游戏"一样，那么投入、那么专注。而且你总是能在"游戏"中拿到高分，就像真正的玩家一样。所以，无论是什么比赛或活动，我相信你都能像真正的游戏高手一样，轻松拿下胜利！

当对方犹豫不决时

✗ 一般的回答

◎ 你要相信自己，做出决定吧。

✓ 高情商回答

◎ 你知道吗？犹豫不决就像是站在十字路口，不知道往哪走。其实，每条路都有它的风景，关键在于你想看到什么样的风景。所以，别害怕，拿起地图，也就是你的直觉和判断力，选择一个方向，大步向前吧！就算走错了，也能发现不一样的美丽呢！

当对方情绪低落时

✗ 一般的回答

◎ 加油，我相信你一定能渡过难关。

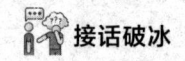

> ✅ 高情商回答

◎ 嘿，你知道吗？每次当我看到乌云密布的天空，我就知道太阳肯定在准备一个大大的惊喜！所以，别难过啦，太阳马上就出来啦！你可是一个能照亮周围人生活的大"太阳"，怎么能让自己躲在乌云里呢？快来，让我们一起把乌云赶走，迎接美好的阳光吧！

当对方因为失败而自责时

> ❌ 一般的回答

◎ 失败是成功之母，别太难过了。

> ✅ 高情商回答

◎ 你知道吗，失败其实就像是一个超级大的"红包"，里面装的不是钱，而是经验和教训。所以，当你打开一个"失败"的红包时，记得要笑着接受里面的"礼物"，然后用它们来让自己变得更强大！相信我，下次你一定会拿到一个更大的成功红包！

掌握幽默沟通法,让你笑傲全场

幽默是一种独特的沟通艺术,它能让人们在轻松愉快的氛围中交流思想,传递情感。掌握幽默沟通术,不仅能让你在人际交往中游刃有余,还能在职场竞争中脱颖而出。下面,我们将介绍四种幽默沟通法,帮助你笑傲全场。

比喻法

在幽默沟通中,比喻法能够将抽象的概念或复杂的情境转化为生动有趣的形象,引发听众的共鸣和笑声。在描述一个烦琐的工作任务时,你可以说:"这个任务就像是一场永无止境的马拉松,我们需要像运动员一样,坚持到底才能赢得胜利。"这样的比喻既形象生动,又能激发听众的共鸣,让沟通更加轻松愉快。

在商务演讲中,比喻法同样是一种非常有效的工具。通过把复杂的商业概念或策略比喻为日常生活中的事物或情境,可以帮助听众更好地理解和接受。比如,当你要解释一个复杂的销售策略时,你可以说:"这就像是在森林里狩猎,我们需要像猎人一样,精准地瞄准目标,耐心地等待时机,然后果断出击。"这样的比喻不仅让听众更容易理解,还能激发他们对销售策略的兴趣和热情。

自嘲法

通过自嘲,你可以展示自己的谦逊和自信,同时也能让听众感到轻松和亲切。例如,在一次演讲中,你不小心说错了话,这时你可以自嘲道:"看来我今天有点紧张,连话都说不利索了。"这样的自嘲不仅能够化解尴尬,还能让听众感受到你的真诚和谦逊,拉近与你的距离。

自嘲并不是一种自我贬低,而是一种智慧的展现。当你用自嘲的方式去对待自己的小失误或者小瑕疵时,你其实是在告诉听众:"我并不完美,但我愿意接受自己的不完美,并且愿意用幽默的方式去面对它。"这种态度,无疑会让听众对你产生更多的好感和认同。当然,自嘲也需要适度。过度的自嘲可能会让听众觉得你过于自卑或者自我贬低,反而失去了幽默的效果。

反问法

反问法能够激发听众的好奇心,使他们在思考中感受到幽默的魅力。在谈论一个有趣的现象时,你可以说:"你们说,这个世界上是不是有一种神奇的力量,让有些人总是在关键时刻掉链子?"这样的反问不仅能够吸引听众的注意力,还能引导他们进行深入思考,使沟通更加有趣和富有深度。

而且,这种反问的方式还能使你的话语更具说服力。例如,当你想要强调团队合作的重要性时,你可以说:"难道你们不认为,正是因为我们相互支持、共同努力,才能取得如此辉煌的成就吗?"此外,反问法还能用来化解尴尬局面,缓解紧张气氛。当你说错话或做出一些令人尴尬的举动时,你可以用反问的方式来化解尴尬,比如:"我是不是有点太激动了?哈哈,你们是不是也被我的热情感染了呢?"这样的反问不仅能让听众感到你的真诚和幽默,还能让他们更愿意与你交流,建立更加亲密的关系。

夸张法

夸张法能够突破常规思维,创造出意想不到的幽默效果,让人捧腹大笑。在描述一个特别忙碌的工作日时,你可以说:"我今天的日程安排得比总统还要紧张,几乎每分钟都在参加会议、处理邮件、回复电话。"这样的夸张既展现了你的忙碌程度,又通过对比总统的日程,创造出了幽默的效果,让听众在笑声中感受到你的忙碌和辛苦。

夸张法确实是一种极具创意和幽默感的表达方式,它能够将日常生活中的琐碎事物,甚至是沉重的负担,转化为轻松诙谐的笑料。让我们再来看一个例子，这次是关于一个特别挑剔的食客。你可以说："他对于每一口食物都比法国的美食评论家还要挑剔，简直就像是在用显微镜观察每一粒米，寻找其中的瑕疵。"这样的夸张既描绘出了这位食客的挑剔程度，又通过对比法国美食评论家的品味，营造出一种荒诞而有趣的画面，让听众在欢笑中感受到他的独特个性。

当你掌握了这四种幽默沟通技巧，就能够在轻松愉快的氛围中与他人进行深入的交流，展示自己的个性和魅力。只要你坚持不断练习，积累幽默沟通的经验，你必将在人际交往和职场竞争中脱颖而出，赢得更多的赞誉和尊重！

接话破冰

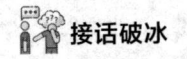

沟通达人的幽默法则

比喻法

老公，你每次洗碗都像是在做科学实验，怎么碗边还有这么多泡沫？

哈哈，这不是泡沫，这是我特制的"防菌护盾"，确保每个碗都得到充分的保护。

自嘲法

老婆，你知道我为什么每次拖地都拖得那么慢吗？因为我在享受与地板的亲密接触，体验那种久违的家乡情怀。

哈哈，原来你是想念老家的地板了，那我得给你准备一张地图，让你随时都能找到回家的路。

夸张法

老婆，你看我今天做的这个菜，颜色、香味、口感都堪称一流，简直就是五星级酒店大厨的水平！

哈哈，五星级酒店大厨？那你岂不是要给我颁发一个"最佳品尝员"的勋章了？不过说真的，这菜确实很好吃，你的厨艺真是越来越好了。

CHAPTER 5

第五章

委婉拒绝：别让不好意思害了你

委婉拒绝涉及隐私的问题

当朋友想知道你的个人情感问题时

⊗ 一般的回答

◎ 这个问题，我不能告诉你，毕竟这涉及我的情感隐私呢。

✓ 高情商回答

◎ 我很理解你对我的好奇，毕竟我们是好朋友。但关于我的个人隐私，我希望能够保持一些私密性。不是不信任你，而是我觉得每个人都有自己的小秘密，这些小秘密让我们更加独特和完整。希望你能理解并尊重我的决定。当然，我们可以聊其他的话题，我会很乐意和你分享我的生活和想法。

◎ 你知道我一直很珍惜我们的友谊，但有些事情，我想保持一点私密性，不想过多分享。我理解你的好奇心，但你知道吗？每个人的心中都有一片属于自己的小天地，那里藏着我们的梦想、希望和一些不愿与人分享的小秘密。那些秘密就像是我们内心的宝藏，守护着它们，也让我们更加了解自己。

当同事询问你的薪资时

❌ **一般的回答**

◎ 对于这个问题，我不太方便回答。

✅ **高情商回答**

◎ 我理解你可能只是出于好奇，但薪资其实是一个比较私人的话题。每个人的薪资都是公司根据员工的经验、能力和市场情况来定的，所以不太适合公开讨论。希望你能理解。

当邻居想知道你的家庭情况时

❌ **一般的回答**

◎ 这个问题，我不能告诉你，毕竟这涉及我的家庭隐私呢。

✅ **高情商回答**

◎ 李阿姨，我知道你对我一直很关心，我们的关系也非常好。但关于我的家庭情况，我希望能够保持一些私密性。家庭对于每个人来说都是一个非常特殊和重要的领域，我希望能够保护我和我的家人的隐私。希望你能理解并尊重我的决定。当然，我们可以聊聊其他的话题，我会很乐意和你分享我的生活和其他想法。

当网友询问你的真实姓名和地址时

⊗ 一般的回答

◎ 很抱歉，我不能透露我的真实姓名和地址。

✓ 高情商回答

◎ 谢谢你的关心，但出于安全和隐私的考虑，我不能透露我的真实姓名和地址。请理解，这是为了保护我自己和家人的安全。当然，我们可以在网上交流，分享彼此的生活和想法，但我希望你能尊重我的决定。感谢你的理解和支持。

当朋友想看你手机上的隐私内容时

⊗ 一般的回答

◎ 这样不太好吧，我不太想分享我的隐私呢。

✓ 高情商回答

◎ 嘿，我知道我们关系很好，但我的手机其实就像我的一个小世界，里面藏着我的很多想法和回忆。不是不信任你，而是我希望能够有一些属于自己的空间。希望你能理解，并不是我不愿意分享，而是有些东西我更希望保持私密。

当对方想要借用你的私人物品时

⊗ 一般的回答

◎ 很抱歉，这个东西我不能借给你。

✓ 高情商回答

◎ 我知道你是个值得信赖的朋友，我也很愿意帮助你，但这个东西对我来说有点特别，所以我不能借给你，希望你能理解。不过，如果你需要其他的帮助，我会尽力帮忙的！

找一些合适的借口，拒绝才不会伤人

当你不想借出贵重物品时

✗ 一般的回答

◎ 这个物品很珍贵，我不太想借给别人。

✓ 高情商回答

◎ 你知道，这个物品对我来说有特殊的意义和价值，它不仅仅是一件物品，更是我心中的一份情感寄托。因此，我不太愿意借给别人，怕它受到损坏或丢失。希望你能理解我的担忧，并尊重我的决定。

当你不想帮忙完成烦琐的任务时

✗ 一般的回答

◎ 这个任务太烦琐了，我不太想帮忙完成。

✅ **高情商回答**

◎ 我非常理解你的需求，但这个任务确实比较烦琐和耗时，我可能无法很好地完成它。我建议你寻找其他更合适的人选或寻找其他的解决方案。当然，如果我有能力和时间，我会很乐意帮助你完成其他的任务或提供其他的支持。希望你能理解我的决定。

当你拒绝加班请求时

❌ **一般的回答**

◎ 我很抱歉，但我今晚不能加班，因为我有其他的事情要处理。

✅ **高情商回答**

◎ 我非常理解公司的需求和项目的紧迫性，但今晚我确实有些重要的个人事务需要处理，这可能会影响到我加班的效率和质量。我希望你能理解我的立场，并寻找其他的解决方案，比如调整工作时间或者分配任务给其他同事。当然，如果有任何需要我配合的地方，我会尽力协助。感谢你的理解和支持。

◎ 非常感谢您的信任，但我已连续加班两天了，今天太累了，就想好好休息一下，没办法留下来加班。我已经把今天的工作任务都完成了，如果需要，我可以尽量提前安排好明天的工作，以便团队其他同事可以集中精力处理紧急事务。

当你不想参与无意义的争论时

⊗ 一般的回答

◎ 对于这个问题,我不想参与讨论。

✓ 高情商回答

◎ 我理解你的观点,但我们之前讨论过这个话题,似乎没有达成一致。我觉得每个人都有自己的看法,有时候争论下去也没有意义。我们可以聊聊别的,或者看看有没有什么更实际的事情可以做。

◎ 我很尊重你的观点,也感谢你愿意和我分享你的想法。但在这个问题上,我可能持有一些不同的看法。为了避免无意义的争论和说服,我觉得我们可以保留各自的观点,寻找一些更有价值的话题来讨论。我相信,我们之间的友谊和理解不会因为这些小小的分歧而受到影响。希望你能理解我的立场,并继续和我保持友好的交流。

当你被邀请参加不想参加的婚礼时

⊗ 一般的回答

◎ 我很抱歉,我不能参加你的婚礼,因为我有其他安排。

✅ **高情商回答**

◎ 非常遗憾地告诉你,由于我最近正在外地出差,所以无法亲自参加你的婚礼。请相信,这绝不是因为我不重视你的婚礼或我们的友谊。我会尽我所能通过其他方式表达我的祝福和支持。希望你能理解我的决定,并祝愿你和你的伴侣幸福美满,白头偕老。

拒绝别人帮忙搬家的请求时

❌ **一般的回答**

◎ 我很抱歉,但我不能帮你搬家,因为我有自己的事情要处理。

✅ **高情商回答**

◎ 非常感谢你的信任,但我最近工作比较忙,可能无法亲自帮你搬家。不过,我可以帮你找一些搬家公司的联系方式,他们可以为你提供帮助。

绕个弯，巧妙委婉地拒绝

当朋友邀请你一起旅游，你不想透露自己的行程安排时

✗ 一般的回答

◎ 我很抱歉，但我不能透露我的行程安排。

✓ 高情商回答

◎ 哈哈，小赵，你总是那么充满热情！不过最近我有点私人的事情要处理，行程上有些变动。等我安排好了，我们再一起计划个完美的旅行吧！别担心，我们的旅行计划不会因此泡汤的。等我这段时间忙完了，我们一起坐下来好好规划一下，找个大家都喜欢的地方，怎么样？

当你不想参与不感兴趣的社交活动时

⊗ 一般的回答

◎ 我很抱歉,我对这个活动不太感兴趣,可能无法参加。

✓ 高情商回答

◎ 哦,这个活动听起来挺吸引人的,但你知道,我最近在调整自己的社交节奏,想要更多地专注于个人成长和学习。不过,我会关注你发的照片和视频,期待看到晚会的精彩瞬间。

当你被邀请参加不想参加的聚餐时

⊗ 一般的回答

◎ 我很抱歉,我不能参加这次聚餐,因为我有其他安排。

✓ 高情商回答

◎ 非常感谢你的邀请,我知道这次聚餐对你们来说很重要。但很不巧,我今天有其他的安排,无法参加了。咱们下次再聚。

接话破冰

当你不想分享私人资源时

⊗ 一般的回答

◎ 我不能分享这个资源，因为这是我的私人资源。

✓ 高情商回答

◎ 我明白你的需求，但这个资源对我来说有些特殊，是我个人多年的一些积累和思考。不是我不愿意分享，而是我希望能够保持一些私人的空间和独立性。如果你需要，我可以指导你如何找到这些资源，或者我们一起探讨学习的方法。希望你能理解我的决定，感谢你的理解和尊重。

当你不想接受新公司的工作邀请时

⊗ 一般的回答

◎ 这个邀请不太适合我，我对这个工作不太感兴趣。

✓ 高情商回答

◎ 非常感谢你的好意和推荐，但目前我在这家公司工作得很开心，也有明确的职业规划。不过，如果将来有机会或者我需要转行，我一定会考虑你的建议。

拒绝可以有，说"不"别犯忌

当你被邀请参加不想参加的会议时

✗ 一般的回答

◎ 我很抱歉，我无法参加这次会议，因为我有其他安排。

✓ 高情商回答

◎ 非常感谢您的邀请，我知道这个会议对您来说很重要。但目前我的日程已经排满了，而且考虑到我们合作的领域，我觉得我们可以通过其他方式保持沟通，比如定期的电话会议或电子邮件交流。这样，我们依然可以保持紧密的联系，同时也不影响我处理其他紧急事务。

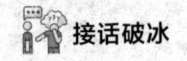

当你被要求做超出职责范围的工作时

⊗ 一般的回答

◎ 这个任务是小王的,已超出了我的职责范围,我不能接受。

✓ 高情商回答

◎ 当然,我很愿意帮助团队成员,但你知道,我目前负责的项目已经占据了我大部分的时间和精力。不过,我可以和小王一起讨论一下,看看如何有效地分配任务,或者是否可以找其他同事协助。这样既能确保我们两个人的项目都按时完成,也不会影响团队的任务分工。

当亲戚希望你帮忙带孩子时

⊗ 一般的回答

◎ 我很抱歉,我可能没办法帮你带孩子,因为我有自己的重要事情要处理。

✓ 高情商回答

◎ 我真的很愿意在你需要的时候提供帮助,但你知道,我这段时间也有很多工作上的事情要处理。不过,如果你需要找保姆的话，我可以帮你联系，或者在我们都有空的时候再一起照顾孩子。

当陌生人请求你帮忙完成一项任务时

⊗ 一般的回答

◎ 我很抱歉，我不能帮你完成这个任务，我有其他事要忙。

✓ 高情商回答

◎ 很抱歉，我现在有一些自己的事情要处理，可能无法帮你送文件。但我可以告诉你××办公室的位置，或者建议你找其他工作人员帮忙。

当朋友希望你为他解决某个问题时

⊗ 一般的回答

◎ 很抱歉，我无法解决你的问题，这和我没什么关系。

✓ 高情商回答

◎ 我真的很想帮助你解决这个问题，但目前我的经验和能力可能还不足以应对这个问题。不过，我可以帮你找一些更专业的资源或专家，他们也许能够为你提供更有效的解决方案。

要拒绝不合理要求，也要不伤和气

当你被要求做超出能力范围的事情时

✗ 一般的回答

◎ 我很抱歉，我无法完成这个任务，因为这超出了我的能力范围。

✓ 高情商回答

◎ 我很感激你对我的信任，但撰写商业计划书是一个相当专业和复杂的任务，涉及到市场分析、财务预测等多个方面。虽然我参与过一些营销工作，但还是缺少很多专业知识，恐怕我无法写出高质量的计划书。不过，我可以推荐一些专业资源或工具给你，或者和你一起探讨如何起草计划书的大体框架。

当你被要求做出不情愿的承诺时

⊗ 一般的回答

◎ 我不能向你保证这个,因为我不确定能否做到。

✓ 高情商回答

◎ 我非常理解你的期望,也感谢你的信任。但在这个问题上,我不能向你做出明确的承诺,因为我还需要进一步评估实际情况和自己的能力。请放心,我会尽力而为,并在有能力的情况下尽力满足你的需求。

当被要求做出不情愿的担保时

⊗ 一般的回答

◎ 我不能为你做担保,因为我不确定你能否按时还款。

✓ 高情商回答

◎ 我非常理解你的需求,但在这个问题上,我不能为你做担保。毕竟,这涉及我的信用和责任。不过,我可以为你提供一些其他的建议或资源,帮助你找到更合适的解决方案。希望你能理解我的立场,并寻找其他途径来满足你的需求。

接话破冰

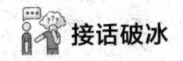

当被要求泄露秘密信息时

❌ 一般的回答

◎ 我不能告诉你这个,因为这是公司的秘密。

✅ 高情商回答

◎ 我理解您对这个项目的关注,但根据公司的保密规定,我不能随意透露项目的具体细节。不过,我可以向您提供已经公开或授权的信息,或者我们可以在合适的场合一起讨论项目的进展情况和竞争策略。

◎ 我非常理解你的好奇心,但很抱歉,我不能泄露任何机密信息。这些信息对于我们的公司和客户来说非常重要,我必须遵守严格的保密协议。请相信我,我理解你的需求,但我不能冒险泄露任何可能对公司和客户造成损害的信息。希望你能理解我的立场,并尊重我们的保密制度。

当你的能力被质疑时

❌ 一般的回答

◎ 我已经尽力了,这就是我的水平,你另请高明吧!

> ✅ **高情商回答**

◎ 我理解你的质疑,但我想强调的是,我已经竭尽全力去完成任务。每个人都有自己的优势和擅长领域,我相信在别的方面我可以做得更好。同时,我也愿意接受你的反馈和建议,并努力提高自己,以更好地适应和完成各种任务。

在家庭聚会中,当你被要求表演才艺时

> ❌ **一般的回答**

◎ 我很抱歉,我并不想在这里表演才艺。

> ✅ **高情商回答**

◎ 谢谢大家的好意,我真的很感激你们的鼓励,但今天我身体不舒服,不想给大家表演节目。不过,我可以和大家分享一些有趣的故事或者玩个小游戏,让大家更加欢乐。

如何谢绝对方的好意

当你想谢绝别人的礼物时

✗ 一般的回答

◎ 我很感谢你的好意,但我不需要这个礼物。

✓ 高情商回答

◎ 哇,你真是太客气了!我真的很感激你的好意,但我觉得我们之间的友谊不需要用礼物来衡量,而且我也不希望你为我破费。不过,我会把你的这份心意记在心里。

◎ 哇,这件礼物真是太贵重了!我真的很感激你的好意,但我不能接受这么贵重的礼物。请你理解,我不希望我们之间的交情因为礼物而产生负担。

谢绝旅游邀请

⊗ 一般的回答

◎ 我很抱歉,我不能和你一起去旅行,因为我有其他安排。

✓ 高情商回答

◎ 我很感激你的邀请,知道你们玩得很开心,我也同样开心。但我最近有一些其他的安排,无法和你们一起去了。不过,你们可以拍一些美丽的照片,回来和我分享你们的快乐时光。

谢绝工作机会

⊗ 一般的回答

◎ 不好意思,我不能接受这个工作机会,因为我已经找到了工作。

✓ 高情商回答

◎ 非常感谢您的邀请,我对这个职位也很感兴趣。但经过深思熟虑,我觉得这个机会可能不符合我个人的职业发展规划。不过,我会将贵公司的招聘信息推荐给其他合适的候选人,希望他们能把握住这个机会。

谢绝合作建议

⊗ 一般的回答

◎ 很抱歉，我觉得我们目前不太适合合作。

✓ 高情商回答

◎ 非常感谢你的提议，我也认为你们公司很有实力。但经过评估，我们目前的项目策略和资源分配可能不适合开展这样的合作。不过，我们可以保持联系，未来如果有合适的机会，我们可以再探讨合作的可能性。

谢绝聚会邀请

⊗ 一般的回答

◎ 我很抱歉，我不能和你一起去吃饭，因为我已经有其他的安排了。

✓ 高情商回答

◎ 非常感谢你的邀请，我真的很感激你的好意。但我这段时间的日程安排比较紧张，可能无法腾出时间和你一起吃饭了。不过，我们可以另外找个时间再聚，或者下次有机会我再请你。

巧妙转移话题，堵住对方的嘴

当对话中出现可能引起争议或冲突的敏感话题时

⊗ 一般的回答

◎ 对于这个话题，还是不要再谈了吧。

✓ 高情商回答

◎ 哈哈，看来我们在这个话题上有不同的看法呢。其实，我认为每个人都有自己的观点和立场，我们可以尊重彼此的观点，不必强求一致。要不我们来聊聊别的话题吧，比如最近有什么有趣的电影或者话剧吗？

◎ 我觉得这个话题特别敏感，我们现在可以先放一放，聊聊其他更轻松的话题吧。

接话破冰

当对方一再追问你的看法，但你不想透露太多时

✗ 一般的回答

◎ 我还没想好。

✓ 高情商回答

◎ 这个问题对我来说有些复杂，我还没完全想清楚。我想再多花一些时间深入思考一下，等我有更明确的看法时，再和你分享。我们来说说下一步的工作安排吧。

◎ 其实，关于这个问题，我还在深入思考和评估中。毕竟，这是一个需要慎重考虑的决定。我相信，随着时间的推移，我会做出更明智的选择。下面还是让我们谈点轻松的话题吧！

当对方一再打断你的发言，试图主导对话时

✗ 一般的回答

◎ 请让我说完，好吗？

✓ 高情商回答

◎ 我很理解你急于表达自己的观点，但我也希望能够有机

会完整地表达自己的想法。你能否先让我说完,然后再一起讨论呢?这样我们才能更好地交流和理解彼此的观点。

◎ 哈哈,看来你对这个话题非常感兴趣呢。不过,我也想分享一下我的看法和经历。等我说完之后,我们可以一起讨论,你觉得如何?

当对方情绪激动或表达过于激烈时

⊗ 一般的回答

◎ 你冷静一点。

✓ 高情商回答

◎ 我能感受到你现在的情绪很激动,我理解这可能是因为这个话题对你很重要。但我想提醒你,保持冷静和理性有助于我们更好地沟通和解决问题。让我们先冷静一下,然后再用平和的态度来讨论这个问题,你觉得如何?

当你想改变话题,但对方还在坚持原话题时

⊗ 一般的回答

◎ 好吧,我觉得这个话题已经讨论得差不多了。

接话破冰

✅ **高情商回答**

◎ 我明白你对这个话题非常感兴趣，但我想我们是否可以稍微转移一下注意力呢？我觉得有个相关的话题可能更值得我们探讨，你觉得怎么样？我们可以从这个新的角度来看待这个问题，也许会有新的发现。

当对方提出你不感兴趣或无法回答的问题时

❌ **一般的回答**

◎ 对于这个问题，我不能回答你。

✅ **高情商回答**

◎ 这个问题很有趣，但我对这个领域不太了解。不过，我们可以聊聊其他相关的话题，或者你找其他专家咨询一下吧。

记住这六条，让你的拒绝不伤人

在人际交往中，拒绝他人是一个常见的挑战。我们时常面临这样的情况：别人向我们提出要求或请求，而我们出于种种原因无法满足他们的期望。如何在这种情况下既能维护自己的利益，又不伤害对方的感情，甚至还能保持双方关系的和谐呢？这就需要我们掌握一些巧妙的拒绝技巧。以下，我将详细介绍六种既实用又高效的拒绝方法。

一、巧用幽默拒绝

幽默是一种有效的沟通工具，能够轻松化解紧张气氛，使双方在笑声中达成共识。例如，当朋友要求我们拍照时一定要拍出他们最好的一面时，我们可以幽默地回应："真是不好意思，我可能做不到，因为你最好的一面都在我心里，我们拍不到呀！"这样的回答既表达了我们的立场，又避免了对方的尴尬。

二、礼貌友好回绝

在拒绝他人的邀请或不同意对方的观点时，我们应该始终保持尊重和礼貌。这样，即使我们拒绝了对方，他们也会更容易接受我们的决定。例如，当拒绝朋友的邀请时，我们可以说："非常感谢你的邀请，我也很想跟你一起喝几杯呢，还不知道你的酒量如何。但真是不好意思，星期六我有一个重要的聚会，不能请假，非常抱歉！"

三、先表示自己很想接受，但是客观条件不允许

这种方法能够让对方感受到我们的诚意和理解，从而减少他们的失望感。例如，当同事请求我们分担一些工作时，我们可以说："我也很想帮你一把，但是真不凑巧，我手里有一份报表也是这两天要交的，我正在为这事头疼。其实你的工作效率挺高的，应该没问题。"

四、反弹式拒绝法

这种方法要求我们根据对方提出要求的理由来回绝他们。例如，如果对方以时间紧迫为由要求我们帮忙，我们可以以同样的理由拒绝："我理解你的时间很紧张，但我也有很多事情要处理，恐怕无法在短时间内帮你完成这个任务。"

五、寻找出路式拒绝法

当对方确实有事有求于我们时,我们可以为他们寻找其他解决方案。这样,即使我们无法直接满足他们的要求,他们也能感受到我们的关心和支持。例如,当朋友想借我们的书时,我们可以说:"真是不好意思,这本书上的资料我也正在用,图书馆好像还有一本,你可以去看看。"

六、岔开话题式拒绝法

当对方委婉地提出要求时,如果我们不想满足他们的期望,可以通过岔开话题的方式委婉地拒绝他们。这样,对方就能明白我们的立场而不会感到尴尬。例如,当对方绕弯子提出要求时,我们可以说:"哦,你说的这个事情挺有意思的。不过,我最近刚好在忙另一件事,等我把那件事处理完我们再聊这个怎么样?"

总之,在拒绝他人时保持优雅与得体是一门艺术。通过掌握上述六种拒绝技巧并结合实际情况灵活运用它们,我们可以在维护自身利益的同时保持良好的人际关系。记住,拒绝并不意味着冷漠或无情;相反,它可以是一种关爱和尊重的表达方式。只要我们用心去理解对方的需求并选择合适的方式回应他们,我们就能在人际交往中取得更好的效果。

接话破冰

体面拒绝他人的方法

反弹式拒绝

> 小丽,我手头有个项目有点急,你能帮我处理一下这个数据报告吗?

> 哎呀,真的很抱歉。我手上的项目也到了关键时刻,时间非常紧张。这次我真的没法腾出手来帮你。

寻找出路式拒绝

> 你看我真的有点忙不过来,你就帮帮我嘛!

> 你看能不能找其他同事帮忙处理一下这个数据报告呢?或者,我帮你看看有没有其他资源可以参考,也许能减轻你的负担。

岔开话题式拒绝

> 你就不能挤挤时间吗?或者我们可以分工合作?

> 分工合作当然是个好主意,但问题是我现在的任务实在是不允许我分心。不过,我们可以一起讨论下如何改进工作流程,看看能否提高效率。你觉得怎么样?

CHAPTER 6

第六章

把握分寸：把每句话都说得恰到好处

点到即止，得饶人处且饶人

在公众场合与人发生争论时

✗ 一般的回答

◎ 你错了，事情不是这样的！

✓ 高情商回答

◎ 这是公共场合，我们是否可以稍微控制一下情绪，避免过于激烈的争论呢？这样可以让大家更加舒适地交流，也能更好地解决问题。毕竟，每个人都有自己的立场，让我们来看看事实情况，用平和的态度来讨论这个问题。

当同事之间发生一些分歧或冲突时

✗ 一般的回答

◎ 你这样做是不对的，我觉得你应该……

✅ **高情商回答**

◎ 我注意到我们在这个问题上处理方式有些不同，这很正常。我们都是在为公司和团队的目标而努力。或许我们可以找个时间私下里好好沟通一下，一起找到更好的解决方案。毕竟，团结合作才能让我们走得更远，对吧？

当家庭成员之间发生争吵时

❌ **一般的回答**

◎ 你总是这样，每次都认为自己是对的！

✅ **高情商回答**

◎ 亲爱的，我知道我们有时候会有不同的看法和意见，这很正常。但争吵并不能解决问题，只会让我们的关系更加紧张。让我们一起冷静下来，用平和的语气来讨论这个问题，找到更好的解决方案，好吗？

当你被朋友误解时

❌ **一般的回答**

◎ 你怎么能这么说，你完全误解我了！

接话破冰

✅ **高情商回答**

◎ 我理解你为什么会这么想,毕竟每个人的观点和立场都是不同的。但我保证我并没有那个意思,我们可以找个时间坐下来,一起聊聊这件事,消除所有的误解,重新建立我们的信任,好吗?

当邻居家小孩不小心刮花了你的车时

❌ **一般的回答**

◎ 你家小孩怎么这么不小心!看把我的车弄成什么样了!你们一定要赔偿我!

✅ **高情商回答**

◎ 我知道你家小孩不是故意刮花我的车,我们都不愿意看到这种事情。别担心,我们可以一起想办法解决这个问题,如果需要到修理厂补漆,我希望你们能给予一定的经济补偿。重要的是,要让孩子记住这次教训,下次要注意一点啊。

当遇到孩子不听话或固执己见时

❌ **一般的回答**

◎ 你怎么这么不听话!你应该按照我说的去做!

> ✓ **高情商回答**

◎ 宝贝，我知道你有自己的想法和意见，这很好。但是，我们也需要考虑一些实际情况和规则。让我们一起坐下来，听听彼此的想法，找到一个大家都能接受的解决方案，好吗？我相信你一定能够理解和尊重我们的决定，对吧？

回话有分寸，一言一语定祸福

当你犯错后领导批评你时

✗ 一般的回答

◎ 我又不是故意的，你怎么能这么说我！

✓ 高情商回答

◎ 领导，我非常感谢您对我的批评和指导。我知道我在工作中可能存在一些不足，这次犯了错误，给您和团队带来了困扰和不便。我会认真反思自己的问题，并努力改进和提升自己。同时，我也希望您能够给我一些具体的建议和意见，帮助我更好地完成工作任务，提升自己的能力。我相信在您的指导和帮助下，我能够变得更好，为团队的发展做出更大的贡献。

当收到不请自来的"建议"时

⊗ 一般的回答

◎ 你怎么这么多事,我自己有分寸,不需要你来指手画脚!

✓ 高情商回答

◎ 非常感谢你的关心和建议,我知道你是出于好意。但在这个问题上,我已经有自己的考虑和计划了。我会认真考虑你的意见,并在有需要的时候向你请教。同时,也希望你能够理解我的立场和决定,毕竟每个人都有自己的想法和做事方式,对吧?

当收到不友好的信息或邮件时

⊗ 一般的回答

◎ 你这是什么态度!别以为我会怕你!

✓ 高情商回答

◎ 我注意到你的信息(邮件)的语气似乎有些不友好,这让我感到有些困扰。我希望我们能够以平和、尊重的态度来交流,共同解决问题。如果你有任何不满或意见,我欢迎你直接告诉我,我们可以一起找到更好的解决方案。同时,我也希望我们能够尊重彼此的立场和感受,避免使用过于激烈或不友好的言辞,这样我们才能更好地沟通和理解彼此。

当好朋友因夫妻吵架向你倾诉时

⊗ 一般的回答

◎ 哎呀,这有什么,离婚就离婚呗,你这么优秀还怕找不到更好的?要有骨气啊,千万别被嫂子瞧不起……

✓ 高情商回答

◎ 兄弟,夫妻之间发生口角在所难免,这时候最重要的是冷静下来,好好沟通。你们一起走过了这么多年,一定有很多美好的回忆和感情基础。试着站在嫂子的角度去理解她的想法和感受,也许你会发现她的立场和担忧也是有道理的。当然,我也理解你的困惑和烦恼,但请记住,家庭是需要双方共同努力和维护的。

当你与婆婆因孩子教育问题发生不愉快时

⊗ 一般的回答

◎ 你怎么能这么教育孩子,你这样会害了他!

✅ 高情商回答

◎ 妈,我非常感谢您对孩子的付出和关爱。但在教育孩子这个问题上,我们可能会有一些不同的看法和做法。我理解您的想法和担忧,也请您理解我的立场和考虑。毕竟,我们都希望孩子能够健康快乐地成长,成为对社会有用的人才。或许我们可以找个时间坐下来,一起讨论一下孩子的教育问题,找到更好的解决方案。我相信只要我们多多沟通,一定能够给孩子提供更好的成长环境和教育支持。

当班主任打电话说孩子在学校打架时

❌ 一般的回答

◎ 我家孩子怎么可能打架,你们老师怎么教育的!

✅ 高情商回答

◎ 班主任您好,非常抱歉听到孩子在学校发生了这样的事情。我知道打架是不对的,也给孩子和其他同学带来了不好的影响。我会认真和孩子沟通,了解事情的经过和原因,并引导他认识到自己的错误和错误行为带来的后果。同时,我也希望您能够告诉我学校对于这件事情的处理方式和建议,我会积极配合学校的工作,一起帮助孩子纠正错误,重新树立正确的价值观和行为准则。谢谢您的理解和支持。

回话的软硬,取决于你的感情色彩

当下属之间发生冲突,希望你为他们评理时

✗ 一般的回答

◎ 你们怎么这么不懂事,为这么一点事就吵得不可开交!

✓ 高情商回答

◎ 我了解到你们之间发生了一些冲突和分歧,这很正常,毕竟每个人都有自己的观点和立场。你们两个就好像公司这辆自行车的两个轮子,如果其中一个轮子脱落,那么自行车将无法前行。我希望你们能同心协力,把各自的工作做得更好!

当团队成员因为工作分配不均而产生抱怨时

✗ 一般的回答

◎ 你们总是抱怨,怎么就不想想怎么解决问题呢?

✅ 高情商回答

◎ 我理解你们对于工作分配不均的抱怨和不满,这是非常正常的反应。但我相信,我们作为一个团队,应该共同面对和解决这个问题。或许我们可以坐下来,一起讨论一下如何更公平地分配工作,让每个人都能发挥出自己的优势和潜力。同时,我也希望你们能够理解我的考虑和安排,毕竟我是从整个团队的角度出发,尽量做到最优的分配。我相信只要我们共同努力,一定能够克服这个困难,让团队更加和谐、高效地完成工作。

当朋友向你诉苦,抱怨生活不公时

❌ 一般的回答

◎ 唉,这个世界就是这样不公平,你习惯就好了。

✅ 高情商回答

◎ 我完全理解你现在的感受和心情,生活确实有时会让人感到不公和失望。但请相信,每个人都有自己的逆境和挑战,这也是我们成长和进步的机会。请你不要放弃,相信未来一定会更好。我会一直陪伴在你身边,听你倾诉,陪你度过这段艰难时期。我们一起加油,好吗?

当有人对你提出批评或建议时

⊗ 一般的回答

◎ 你怎么这么多事，我知道怎么做，不用你管！

✓ 高情商回答

◎ 非常感谢你对我的批评和建议，我深知自己还有很多需要改进的地方。你的意见对我来说非常宝贵，我会认真听取并努力改进。同时，我也希望你能继续给予我支持和帮助，让我变得更好。我相信在你的指导和支持下，我能够不断进步，取得更好的成绩。

面对他人的误解或指责时

⊗ 一般的回答

◎ 你怎么能这么说我，我根本没有做过这样的事情！

✓ 高情商回答

◎ 我理解你现在可能对我有些误解，这让我感到有些难过。但我保证我并没有那个意思，我会尽力解释清楚，消除你的疑虑。同时，我也希望我们能够坐下来，平心静气地沟通，共同找到解决问题的方法。我相信只要我们坦诚相待,一定能够消除所有的误解。

当孩子抱怨作业太多时

✗ 一般的回答

◎ 你怎么这么懒,作业多点怎么了,别人都能完成!

✓ 高情商回答

◎ 宝贝,我理解你觉得作业很多,觉得学习很辛苦。确实,有时候作业会让我们感到有些压力。试着把作业当作一种挑战,一步步去完成它,先从简单的再到难度大的,你会发现自己其实可以做得很好。如果你遇到了什么困难,可以随时找我帮忙,我们一起想办法解决。记住,你不是为了别人而学习,而是为了自己。我相信你能够克服困难,完成今天的作业。加油!

以退为进：先认同对方，再回敬对方

在商务谈判中，当你面对一个强有力的对手或相差较大的观点时

⊗ 一般的回答

◎ 你怎么可以这么认为，我完全不同意你的看法！

✓ 高情商回答

◎ 我理解你的观点，确实在某些方面是很有道理的。但我认为，如果我们从另一个角度来看待这个问题，可能会得到不同的结论。

◎ 我理解你们公司对这个项目的重视程度，这确实是一个非常有价值的合作机会。但目前这个项目出现了一些问题需要先处理好，我相信我们可以找到一种双赢的解决方案。

当需要提出建设性反馈意见时

⊗ 一般的回答

◎ 你这个方案不行,得重新制订。

✓ 高情商回答

◎ 我已经认真看过你的方案了,我觉得其中有一些非常有价值的想法。但如果我们在这个基础上再做一些调整和改进,可能会更加符合我们的需求和期望。例如,如果我们能够……我相信这样修改后,方案会更加完善,也更容易得到大家的支持和认可。当然,这只是我的一些想法,具体还需要你们团队来决策和实施。

面对他人的挑衅或攻击时

⊗ 一般的回答

◎ 你以为你是谁,凭什么这么说我!

✓ 高情商回答

◎ 我理解你可能是在试探我或试图激怒我,但我想告诉你,我并不会被这些影响。我相信我们可以以平和、理性的态度来解决问题，而不是通过攻击和挑衅来达到自己的目的。我希望我们能够尊重彼此，以建设性的方式进行交流，共同找到解决问题的方法。

当需要表达不同意见时

⊗ 一般的回答

◎ 我不同意你的看法，我觉得你是错的。

✓ 高情商回答

◎ 我非常尊重你的观点，但我有一些不同的看法想和你分享。我认为我们可以从不同的角度来思考这个问题，看看是否能够找到更多的解决方案。我相信通过开放的讨论和交流，我们能够更好地理解彼此的观点，并共同做出更好的决策。

当客户提出投诉时

⊗ 一般的回答

◎ 我们已经尽力了，你还有什么不满意的地方？

✓ 高情商回答

◎ 我非常理解您对此事的不满，我们的服务确实没有达到您的期望。为了弥补给您带来的不便,我们会再给您寄一款同类商品,并额外赠送您一件小礼物。

当孩子犯错或行为不当时

⊗ 一般的回答

◎ 你怎么又这样,再这样就别怪我不客气了!

✓ 高情商回答

◎ 我知道你现在很生气,因为你也想做好。但我们需要找到更好的方法来处理这个问题,你觉得应该怎么办呢?

实话不直说，实话要巧说

当需要传达公司裁员的通知时

⊗ 一般的回答

◎ 很抱歉，由于公司目前的经营状况不佳，我们需要裁员来优化成本结构。

✓ 高情商回答

◎ 首先，我要对大家说，我们公司的每一位员工都是非常优秀的，但由于市场环境的不断变化和公司发展的需要，我们不得不做出一些调整。经过深思熟虑，公司决定进行一次人员优化，以更好地适应市场变化和发展趋势。请大家放心，我们会尽最大努力确保这次调整对公司的影响最小化，同时也会为员工们提供必要的帮助和支持。我们会尽快公布具体的方案和安排，并尽可能地与员工们进行沟通和协商。感谢大家一直以来的付出和努力，让我们一起面对未来的挑战。

当需要给予他人批评或建议时

⊗ 一般的回答

◎ 你这个做法不对，你应该这样做……

✓ 高情商回答

◎ 我觉得你在这个方面做得已经很好了，但如果能再考虑一下××方面，可能会更加完善。比如，你可以试试××方法，或许会有更好的效果。当然，这只是我的一些想法，你可以参考一下，具体怎么做还是要根据你的实际情况来决定。

当需要提醒他人注意言行时

⊗ 一般的回答

◎ 你说话注意点，别这么没礼貌！

✓ 高情商回答

◎ 我注意到你在表达意见时可能过于直接，这可能会让一些人感到不舒服。我相信你并没有恶意，但我们可以尝试用更温和、委婉的方式来表达自己的想法，这样更容易得到他人的理解和接受。你觉得呢？

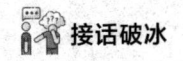

当需要指出他人的错误时

⊗ 一般的回答

◎ 你错了,你应该这样做……

✓ 高情商回答

◎ 我注意到你在这个方面可能理解有误,导致你做出了一些不太正确的决定。但没关系,我们可以一起讨论一下,找出正确的做法。我相信通过我们的共同努力,就可以避免类似的错误再次发生。

当需要提醒他人注意自己的态度时

⊗ 一般的回答

◎ 你态度怎么这么差,能不能好好说话!

✓ 高情商回答

◎ 我注意到你现在的态度可能有些不太友好,这可能会影响到我们之间的沟通和合作。我相信你并不是故意的,但我们可以尝试调整一下自己的态度,用更积极、开放的心态来面对问题。这样不仅能让我们更好地解决问题,还能让我们之间的关系更加融洽。

回话不要太绝，得为自己留条后路

当领导给你分配任务时

✗ 一般的回答

◎ 好的，我明白了。我一定在"五一"前完成这个任务。

✓ 高情商回答

◎ 好的，领导，我会尽快完成任务，预计会到下个月月底吧。同时，我也会在执行过程中与您保持沟通，及时反馈进度和遇到的问题。如果有需要，我也会主动寻求您的指导和帮助，确保任务能够顺利完成。

在商务谈判中，当对方提出一个价格建议时

✗ 一般的回答

◎ 不行，价格太高了，没法谈！

接话破冰

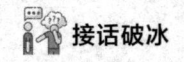

✅ **高情商回答**

◎ 我觉得这个价格偏高,但我们可以在其他方面找到合作的空间。

在面试过程中,当被问及能否胜任某项工作时

❌ **一般的回答**

◎ 我完全能够胜任这项工作,绝对没问题!

✅ **高情商回答**

◎ 我相信我有能力胜任这份工作,同时我也愿意不断学习和提升自己,从而更好地完成工作。

当伴侣之间发生争执时

❌ **一般的回答**

◎ 我跟你过不下去了,咱俩离婚!

✅ **高情商回答**

◎ 我知道我们现在有些分歧和矛盾,这让我感到很困扰。

但我认为我们应该坐下来，冷静地沟通，找到问题的根源，并尝试解决它。我相信我们的感情基础很好，只要我们彼此尊重和理解，一定能够克服这个困难，让我们的关系更加稳固和幸福。

当孩子考试不及格时

⊗ 一般的回答

◎ 你怎么这么笨，考试考成这样！你永远都做不好这件事！

✓ 高情商回答

◎ 没什么，这次考不好还有下次，我们来一起分析原因、查漏补缺，爸爸（妈妈）相信下次你一定能考好！

他人之短不要揭，伤心更伤情

当同事被老板批评时

✗ 一般的回答

◎ 被老板骂得真惨！下次可要注意点。

✓ 高情商回答

◎ 每个人在工作中都可能遇到挫折和困难，这是很正常的。我以前也经常挨批，这没什么的，咱们是一个团队，有需要帮忙的地方尽管说话啊！

当同事不小心摔伤胳膊时

✗ 一般的回答

◎ 哎，你行动这么不方便，要不跟领导说一下，回去歇着吧。

✓ 高情商回答

◎ 听说你摔伤了胳膊，我很担心你的身体状况。如果你需要休息或者有什么需要帮忙的地方，随时告诉我，我会尽力协助你。希望你能够早日康复！

在朋友聚会上，当有人说某人长得太胖时

✗ 一般的回答

◎ 哈哈，是的，他（她）的确需要减减肥了。

✓ 高情商回答

◎ 这叫富态美，有什么呀！再说每个人的体型都是独特的，我们不应该取笑朋友的缺点。另外，健康才是最重要的，不是吗？我们应该鼓励他（她）保持健康的生活方式，而不是仅仅关注外表。

在社交场合，遇到一位有点口吃的人时

✗ 一般的回答

◎ 你说话怎么这样，能利索点儿吗？

> **高情商回答**

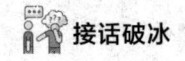

◎ 虽然你的语速稍慢了一点儿，但我能感受到你的真诚和热情。我相信每个人都有自己的节奏和方式，只要我们用心去倾听和理解，就能感受到你独特的魅力。请继续加油，我相信你会越来越棒！

当美容师遇到一个脸上长斑的女士时

> **一般的回答**

◎ 您脸上的斑好多啊，可能需要做一些深层清洁和护理。

> **高情商回答**

◎ 我能理解您可能对脸上的斑点感到有些苦恼，但请相信，每个人的皮肤都有自己独特的美。我会根据您的皮肤状况，为您推荐最适合的护理方案，帮助您恢复肌肤的健康和光彩。同时，也请您保持规律的作息和积极的心态，因为这些才是最美的妆容。

拿捏回话分寸：四招让你游刃有余

在日常的人际交往中，如何巧妙掌握回话的分寸是一项至关重要的技能。无论是职场交流，还是生活中与朋友、家人的互动，我们都需要运用一些策略来确保自己的回应既得体又有效。接下来，我们将为你揭示四招，帮助你轻松掌握回话的分寸。

第一招：真诚为先，巧妙应对

真诚是建立信任的关键，也是有效沟通的基础。当面对他人的提问或质疑时，我们应该尽可能地说出真相。然而，有时候出于某些原因，我们可能无法透露全部真相。在这种情况下，保持沉默是一种明智的选择，而不是编造谎言。如果实在需要回应，我们可以运用幽默的方式来转移话题，这样既避免了直接回答，又保持了对话的轻松氛围。

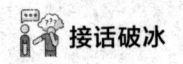

第二招：灵活运用语气

　　语气在回话中扮演着举足轻重的角色。通过调整语气，我们可以传达出不同的情感和态度。例如，在面对领导的批评时，我们应该采用谦虚和诚恳的语气，以示尊重和愿意接受批评的意愿。而在与朋友开玩笑时，我们可以使用轻松幽默的语气，增加互动的乐趣。此外，我们还要学会根据对话的进展和对方的情绪变化，灵活地调整自己的语气，以达到最佳的沟通效果。

第三招：理解背景，避免误解

　　在回话时，我们需要充分理解对话的背景和上下文。有时候，同一句话在不同的语境下可能具有完全不同的含义。因此，在回应他人之前，我们应该先了解对方的意图和背景信息，确保自己的回应能够准确地传达出我们的意思，避免产生误解和冲突。同时，我们还要学会倾听对方的观点和想法，尊重彼此的差异，以建立更加和谐的人际关系。

第四招：注重细节，提升品质

　　在掌握回话的分寸时，我们还要注重细节。首先，我们要注意自己的用词和表达方式。在回应他人的请求时，我们可以适当地添加一些形容词或成语，使回应更加生动形象。此外，我们还要关注非语言信号，如面部表情和肢体语言，以更好地传达自己的情感和态度。通过注重细节，我们可以让回话更加生动、有趣，提升沟通的品质。

要想巧妙掌握回话的分寸，我们需要在真诚、语气、理解和细节等方面下功夫。通过不断练习和实践，我们可以逐渐掌握这门艺术，使沟通更加有效和愉快。同时，我们还要时刻保持谦逊和学习的态度，不断吸收新的知识和经验，以提升自己的沟通能力。

在当今这个瞬息万变的时代，良好的沟通能力已经成为我们生活和工作中不可或缺的一部分。通过掌握回话的分寸，我们可以更好地与他人建立联系、增进理解、解决问题。因此，我们应该珍惜每一次交流的机会，努力提升自己的沟通能力，为我们的生活和工作增添更多的色彩和乐趣。

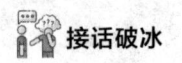

轻松拿捏回话分寸的小妙招

真诚为先，巧妙应对

哇，你今天的打扮真是太美了！这件裙子显得你气质特别好。

谢谢你的夸奖。其实，我也是在尝试不同的风格，希望能找到最适合自己的。

灵活运用语气

你总是这么谦虚，每次见到你都能发现你的新亮点。

哈哈，你说得太客气了。我觉得每个人都有自己独特的魅力，我只是在努力发掘自己的潜力。

理解背景，避免误解

你这么有自信，真让人佩服。不像我总是纠结于自己的不完美。

其实，我们每个人都有自己的不完美之处。但重要的是，我们要学会接受并爱护自己。你看，你每次都能把聚会组织得这么好，这就是你的独特魅力啊。